TIBOR KNEIF

Einführung in die Rockmusik

Entwürfe und Unterlagen für Studium und Unterricht

Heinrichshofen's Verlag
Wilhelmshaven

CIP-Kurztitelaufnahme der Deutschen Bibliothek

Kneif, Tibor:
Einführung in die Rockmusik : Entwürfe u. Unterlagen für Studium u. Unterricht / Tibor Kneif. – Wilhelmshaven: Heinrichshofen, 1979.
(Taschenbücher zur Musikwissenschaft ; 51)
ISBN 3-7959-0267-3

Gesamtherstellung: Heinrichshofen's Druck, Wilhelmshaven
Printed in Germany
ISBN 3-7959-0267-3

Inhaltsverzeichnis

Vorbemerkung

Mit diesem Band erscheint zum erstenmal eine Darstellung über Rockmusik in einer Buchreihe, die Fragen der Musikwissenschaft gewidmet ist. Dieser Umstand, so widersprüchlich er einer konservativen Auffassung von Musikwissenschaft anmuten mag, bedarf in Wirklichkeit kaum einer ausführlichen Erklärung. Das Feld musikwissenschaftlicher Beschreibung auf den europäischen Raum oder aber auf einen von Europäern gesetzten „ästhetischen Rang" von Musikwerken einengen zu wollen, läßt sich nämlich ohne Argumentationswillkür nicht durchsetzen. Zudem wird heute von den unbefangenen Musikwissenschaftlern die Tatsache erkannt, daß die eigene Disziplin nur noch wie eine riesige Erinnerungsmasse verwaltet wird. Das geltende Bild musikalischer Vergangenheit dürfte sich in der Zukunft nur noch unwesentlich ändern, und so entfaltet sich die gegenwärtige historisch-philologische Arbeit an der Entdeckung und Verlebendigung von Kleinstmeistern des 16.–19. Jahrhunderts. Haben sich der kreativen Fantasie, die am Anfang jeder wissenschaftlichen Leistung steht, noch anziehende Perspektiven in der Neuen Musik der fünfziger und sechziger Jahre erschlossen, so haftet der aktuellen „Neuen Einfachheit" das lähmende Merkmal des ganz oder halb

Bekannten an. Diese Umstände machen es zumindest in psychologischer Hinsicht erklärlich, warum sich das Augenmerk vieler angehender Musikwissenschaftler heute auf ehemals vernachlässigte, um nicht zu sagen verachtete Gegenstandsbereiche wie außereuropäische Musik und populäre Kultur richtet.

Die Rockmusik ist schon wegen ihrer kurzen, bis jetzt etwa fünfundzwanzigjährigen Geschichte von der Musikforschung unbeachtet geblieben. Als Sachgebiet gehört sie der Ethnomusikologie ebenso wie der traditionellen Musikwissenschaft an. Ethnomusikologisch interessant sind ihre Züge, die noch in Afrika wurzeln, ferner ihre Instrumente und ihre Vortragsmerkmale, die von der nordamerikanischen Country & Western-Musik stammen, nicht zuletzt die stilistischen Eigentümlichkeiten, die sich aus der Übernahme karibischer und südamerikanischer Tanzrhythmen ergeben. Rockmusik ist aber auch Musik der weißen Bevölkerung in den USA und heute sogar, als Teil der Jugendkultur, in der ganzen Welt (davon zeugt das Bestehen einer sozialistischen Rockmusik), und als solche steht sie bald mehr, bald minder unter dem Jahrhunderte alten europäischen Einfluß und bildet somit ein Betätigungsfeld der an der Kunstmusik Europas ausgerichteten Musikwissenschaft.

Einen systematischen Überblick über die Rockmusik in deutscher Sprache gibt es noch nicht. Der vorliegende Versuch hat die Schwierigkeit zu bewältigen, daß er einerseits eine wirkliche Einführung sein will, die nicht auf schon gesicherten Vorkenntnissen aufbauen kann, andererseits dem Namen der Taschenbuchreihe so voll wie möglich Rechnung zu tragen hat und daher ausgiebige Quellenhinweise enthalten muß. Um die Gegensätzlichkeit von nicht allzu detaillierter Beschreibung und durchgehender Überprüfbarkeit durch den für das Detail interessierten Leser zu meistern, wird der Haupttext zwar allgemein verständlich geführt, doch wird er zugleich durch Hinweise auf einschlägiges Plattenmaterial wie auf Literatur ergänzt. Der häufige Wechsel zwischen dem Normaldruck des Haupttextes und der Kleinschrift der Anmerkungen sowie der Literatur- bzw. Plattenangaben bringt – in ästhetisch anfechtbarer Weise – den Kompromißcharakter des Bandes auch optisch zum Ausdruck.

Dank schulde ich dem Herausgeber Dr. Richard Schaal für die Aufnahme des Manuskriptes in eine renommierte Taschenbuchreihe, nicht minder dem Heinrichshofen Verlag für die gewissenhafte Betreuung.

Berlin-Steglitz, im Februar 1979 Tibor Kneif

I. Zum Begriff „Rockmusik"

Jener Musikbereich, der den Gegenstand dieser Ausführungen bildet, erhielt während der fünfundzwanzig Jahre, seit denen er existiert, unterschiedliche Namen. In Übereinstimmung mit dem herrschenden Wortgebrauch in den angelsächsischen Ländern wurde hier der Ausdruck Rockmusik oder kurz Rock gewählt, wobei eine Rechtfertigung dieser Wahl weiter unten erfolgt. Zunächst soll erläutert werden, warum andere, früher und zuweilen auch noch heute benutzte Begriffe wie Pop (Popmusik), Rock'n'Roll und Beat (Beatmusik) nicht oder nur in einer spezifischen Bedeutung zur Verwendung gelangen.

1. Die Bezeichnung Pop oder Popmusik verbreitete sich in Deutschland um die Mitte der sechziger Jahre und war auch im angelsächsischen Sprachbereich geläufig; heute jedoch lebt sie fast nur noch in der musikpädagogischen Terminologie fort.[1] Der Nachteil des Wortes liegt

1 Vgl. Siegfried Borris: Psychognomie des Pop (Wiesbaden 1975); Dörte Hartwich-Wiechell: Pop-Musik. Analysen und Interpretationen (Köln 1974); Dörte Wiechell: Didaktik und Methodik der Popmusik (Frankfurt/M., Berlin, München 1975); Ekkehard Jost: Sozialpsychologische Faktoren der Popmusik-Rezeption (Mainz 1976, Musikpädagogik Band

darin, daß es Assoziationen entgegengesetzten Inhalts hervorruft. Zum Bereich von Pop-Art, an den man zunächst denken mag, bestehen keine direkten Verbindungen, wiewohl seit der zweiten Hälfte der sechziger Jahre einige Rockbuch- und Plattenhüllen-Illustrationen von Pop-Künstlern wie Andy Warhol, Roger Dean und Alan Aldridge gestaltet worden sind.[2] Auch der Ausdruck Popular Music, der in der Abkürzung Popmusik noch mitschwingt, umschreibt ein ganz anderes Gebiet als Rockmusik, nämlich – vor allem in den Vereinigten Staaten – jenen Schlagertyp, der von älteren und erfahrenen Textschreibern, Komponisten und Arrangeuren stammt, von Erwachsenen vorgetragen wird und sich an Erwachsene wendet, außerdem in der Gesamthaltung sentimental ist und dementsprechend Streicherklang, Klavier und Bläser, insgesamt das Instrumentarium der Schlagermusik, bevorzugt. Für diesen Typus der „music entertainment" hat sich in den USA auch der Ausdruck Tin Pan Alley eingebürgert, wobei damit nur anfänglich ein bestimmter Ort (nämlich die Höhe der von Musik-

---

11). – Selbst im musikpädagogischen Schrifttum wird das Wort immer mehr fallengelassen. Eine ständige Spalte der Zeitschrift Musik und Bildung (Verlag B. Schott's Söhne, Mainz) führte bis Mitte 1977 die Überschrift „Pop-Informationen". Seitdem heißt sie „Informationen zur Rockmusik".

2 Siehe etwa The Beatles Songbook I. Das farbige Textbuch der Beatles, hg. von Alan Aldridge, deutsch von Peter Zentner (dtv 1971). Pop-Art prägt die Cover-Gestaltung von *Sgt. Pepper's Lonely Hearts Club Band* der Beatles (1967) und deren Parodie durch die Mothers Of Invention *(We Are Only In It For The Money,* 1968). In seinem Buch Revolt Into Style – The Pop Arts In Britain (London 1970) spricht George Melly von einer Pop-Kultur (pop culture), die sowohl Jugendliche aus dem Arbeitermilieu als auch Intellektuelle an sich fesselt, wobei erstere sich mehr für Musik, letztere mehr für die bildenden Künste (pop arts) Interessieren.

verlagen besiedelten 30.–40. Straßen in New York), später jedoch allgemein das Zentrum der Musikverlagsindustrie samt ihrer Produktions- und Verkaufsstrategie gemeint war.[3] In einem noch mehr umfassenden, man kann sagen verwässerten Sinn von „Popmusik" verwenden drei Verfasser einer einseitig marxistischen *Geschichte der Pop-Musik* den Begriff, indem sie darunter die volkstümliche Musik des Bürgertums des 19. Jahrhunderts, die nordamerikanische Country-Musik, aber auch den schwarzen Blues, den Rhythm & Blues und anderes mehr verstehen.[4]

Der Ausdruck Popmusik führt auch insofern irre, als man glauben könnte, er bezeichne eine Musik von durchweg hohem Verbreitungsgrad. Rockmusik indessen ist keine allgemein akzeptierte und stets in großem Umfang verbreitete Musik. Zu ihren Gegnern gehören die meisten Hörer traditioneller Kunstmusik (im folgenden: „Bildungsmusik"), ebenso die Schlagerkonsumenten wie auch die Jazzliebhaber – drei unter sich wiederum entgegengesetzte Gruppen, die im Rock die „primitive" musikalische Faktur, den latenten sexuellen Appell oder sonst Vulgär-Lärmendes beargwohnen. Selbst innerhalb der Rockmusik finden sich einige (kaum befriedigend definierbare) Sonderrichtungen wie Underground-Rock und Kultur-Rock, die lediglich einen dünnen Hörerkreis ansprechen, sei es weil der diese Musik prägende Klang dem spontanen Empfinden des Rockfans nicht entspricht, sei es, weil bestimmte Techniken wie Zitat, Collage und poly-

---

3 Tony Palmer: All You Need Is Love (München/Zürich 1977, S. 109–140). Empfohlene Platte zum Thema: *After The Ball – A History Of Pop,* 2 LP, o.J. (GB: EMI/Starline).

4 Klaus Kuhnke/Manfred Miller/Peter Schulze: Geschichte der Pop-Musik. Band I (Bis 1947), 2. Auflage (Lilienthal/Bremen 1977).

phone Stimmführung das gewöhnliche Hörvermögen überfordern. Dörte Hartwich-Wiechell hat beide Bedeutungsfelder, nämlich „Rockmusik" und „massenhaft verbreitete Musik", die in dem Begriff „Popmusik" enthalten sind, in der Weise auseinanderzuhalten versucht, daß sie das Wort einmal klein-, ein andermal großgeschrieben hat (pop = populäre Musik, Pop = Rockmusik als Gattung).[5] Doch entstehen leicht Mißverständnisse, wenn zwei so grundverschiedene Bedeutungen durch bloße Klein- bzw. Großschreibung kenntlich gemacht werden sollen. Freilich steht dem Wortgebrauch „Pop" nichts im Wege, wenn man damit einen Bereich innerhalb der Rockmusik meint, dem eine gewisse Seichtigkeit, Glätte und Schlagernähe innewohnt. Der Begriff Pop-Rock bezeichnet heute dementsprechend eine ins Kitschige, billig Sentimentale abgleitende Richtung innerhalb der Rockmusik. Die entsprechenden, von Zehn- bis Fünfzehnjährigen bevorzugten Gruppen heißen etwa Bay City Rollers, ABBA und Osmonds.[6]

2. Was früher mit dem Wort Beat generell bezeichnet wurde, engt sich im heutigen Sprachgebrauch auf ein Sondergebiet ein, nämlich auf die britische bzw. englisch beeinflußte Rockmusik während der sechziger Jahre.[7] Die in den Sechzigern tonangebenden Beatles haben zur Verbreitung des Begriffs viel beigetragen. Ihren Namen

---

5 Dörte Hartwich-Wiechell a.a.O., S. 6f.

6 Hans Bruns: Drei Hauptströmungen der Rockmusik (in: Musik und Bildung, November 1977, S. 644 f.). Der 1978 in Umlauf gesetzte Ausdruck „Power Pop" sollte eine gefällige Punk-Richtung bezeichnen (vgl. Who Put The Bomp!, March 1978, S. 8 ff.).

7 Dieter Baacke: Die sprachlose Opposition (München 1968). Gelegentlich wird auch heute noch von Beat-Club, Beat-Schuppen usw. gesprochen.

haben sie bereits an die Zweideutigkeit des englischen Wortes „beat" (1. Taktschlag, 2. Gebiet, Revier) angeknüpft, übrigens in Anlehnung an die zu Beginn der sechziger Jahre in Liverpool erscheinende Zeitung Mersey Beat, in deren Titel beide Bedeutungen, nämlich Mersey-Gegend und Beatmusik der sogenannten Mersey Side, enthalten waren. (Im Gruppennamen der Beatles ist zudem das Wort „beetle", d.h. „Käfer", aufgehoben). Ergänzend sei bemerkt, daß irgendwelche Verbindungen zwischen Beatmusik und der nordamerikanischen Beat-Poesie bzw. den Beatniks der fünfziger Jahre (Jack Kerouac, Allen Ginsberg u.a.) nicht bestehen, zumal die „Beat-Generation" am Jazz der Bebop-Ära und nicht etwa am zeitgenössischen Rhythm & Blues ausgerichtet war.[8]

3. Einen ähnlichen geschichtsspezifischen Begriff wie „Beat" bildet heute „Rock'n'Roll". Mit diesem vom Discjockey Alan Freed verbreiteten, doch keineswegs von ihm erfundenen Ausdruck bezeichneten die Zeitgenossen die Rockmusik um 1954–60, jene Musik also, die mit dem Namen von Bill Haley, Elvis Presley, Chuck Berry und Little Richard – den „Kings of Rock'n'Roll" – verknüpft ist. Diesem eingeengten Wortgebrauch entspricht es, daß man von einem Rock'n'Roll-Revival um 1970 spricht, davon also, daß die Rockmusik der fünfziger Jahre in den Siebzigern eine historisierende Neubelebung erfahren hat. Freilich begegnet das Wort in der Rockjournalistik der Vereinigten Staaten auch heute noch in der allgemeinen Bedeutung von Rockmusik,[9]

8 Bruce Cook: The Beat Generation (New York 1971).
9 Vgl. etwa Ben Fong-Torres (Hg.): The Rolling Stone Rock'n' Roll Reader (Bantam Book 1974) und Robert Somma (Hg.): No One Waved Good-Bye – A Casualty Report On Rock and Roll (Charisma Books, London 1973).

und mit diesem Sinn tritt es gelegentlich auch in Europa auf, etwa in einem Stück des englischen Punkers Ian Dury „Sex and Drugs and Rock'n'Roll" von 1977. Eine gewisse Neigung von Rockschriftstellern, „Rock'n'Roll" zu schreiben, wenn die fünfziger Jahre gemeint sind, dagegen „Rock & Roll" oder „Rock and Roll", wenn Rockmusik insgesamt umschrieben werden soll, stößt auf das gleiche Bedenken, wie die Unterscheidung von „Pop" und „pop" (s. oben): Der inhaltliche Unterschied ist zu erheblich, um ihn zu einer Frage bloß der Schreibweise zu machen. Auch müßte in der mündlichen Mitteilung jedesmal umständlich präzisiert werden, welcher Sinn gemeint sei. Diese Schwierigkeit führt immer mehr zu der Gepflogenheit, „Rock" im Sinne einer Gattung, „Rock'n' Roll" dagegen im Sinn einer historischen Ausprägung zu gebrauchen. An diesem Wortgebrauch wird im folgenden festgehalten.

4. Gleichzeitig mit der Verbreitung des Wortes Rock'n' Roll hat sich der Begriff Rock, als eine Abkürzung des ersteren, schon um 1960 herausgebildet. Hierauf hinzuweisen erscheint geboten, da in einer weltanschaulich einseitigen Darstellung behauptet wird, „Rock" sei erst um 1970 von der US-amerikanischen Plattenindustrie geprägt worden, um die Vorherrschaft der amerikanischen Musik gegen den britisch-europäischen Beat durchzusetzen.[10] Die These indes, „Beat" sei der ursprüngliche, „Rock" dagegen der spätere, durch Machenschaften aufgedrängte Ausdruck, entbehrt der historischen Kenntnis. Tatsache ist vielmehr, daß selbst in Liverpool am Anfang der sechziger Jahre der Ausdruck „Rock" gebräuchlich war und das Wort „Beat" sich erst allmählich verbreitet

10 H.P. Hofmann: Beat, Rock, Rhythm & Blues, Soul (Berlin Ost 1976, S. 192 ff.).

hat, nicht zuletzt durch den Namen der von Bill Harry redigierten, oben bereits erwähnten Lokalzeitung Mersey Beat.[11]

5. Das Wort „to rock" entstammt dem Negerslang und bezeichnet den Geschlechtsakt, daneben auch das Tanzen. Beide Bedeutungen traten in den fünfziger Jahren gleichberechtigt nebeneinander auf. Von dieser Zweideutigkeit lebten damals viele Songtexte, wie etwa „Rockin' Blues" von Johnny Otis (1950) und „Good Rockin' Daddy" von Etta James (1955). Ähnlich war es um das Wort „to roll" bestellt, was schon durch den Umstand belegt werden kann, daß „Roll With Me, Henry" ebenfalls von Johnny Otis, in der für Weiße mehr annehmbaren Cover-Version von Georgia Gibbs zu „Dance With Me, Henry" (1955) abgeschwächt wurde.[12] Heute hat sich der einst offenkundige sexuelle Bezug des Wortes weitgehend neutralisiert, wiewohl er in manchen Wendungen auch gegenwärtiger Texte virulent ist, zum Beispiel in Songtiteln wie „Rock Me Baby". Daß Rockmusik ursprünglich eng mit dem sexuellen Bereich verbunden war – sie galt, wie vierzig Jahre davor auch der Jazz, als „Bumsmusik" –, bildet keinen moralischen Makel der Herkunft, den man zu verschweigen hätte. Töricht wäre es auch, zu leugnen, daß Ragtime und Boogie Woogie ihren Ursprung in der Unterhaltungssphäre der Bordelle und der Kneipen haben, ebenfalls, daß die europäische Kunstmusik ihre achttaktige Periodenbildung vom Paar- und Gesellschaftstanz der frühbarocken Zeit, also von

11 Vgl. *Mersey Beat '62–'64,* 2 LP, o.J. (GB: United Artists) und die beigegebene Nummer von Mersey Beat vom 13.–27. Februar 1964.

12 Weitere Beispiele für diesen Reinigungsprozeß gibt Charlie Gillett in seiner Studie The Sound Of The City (Sphere Books London, 1971, S. 21 ff.).

einer erotisch keineswegs neutralen Erscheinung, erhalten hat. Im Assoziationsfeld von Text und pulsierendem Rhythmus verbinden nach wie vor manche Fäden die Rockmusik mit körperlicher Sinnlichkeit.

II. Instrumente

Das Instrumentarium der Rockmusik weist gegenüber demjenigen der Bildungsmusik wie auch des Schlagers eigene Züge auf, und es hebt sich, trotz häufiger Gemeinsamkeit in der Gegenwart, auch vom Klangkörper des Jazz ab.[13] Vor allem fällt darin das Gewicht der verschiedenen Schlaginstrumente auf, ja der perkussive Charakter der meisten verwendeten Instrumente überhaupt, sofern das energische Zupfen der elektrischen Gitarre als eine Art von Schlagtechnik vorgestellt wird. Der Streicherklang und das mit ihm verbundene Legato-Spiel wurden von den Rockmusikern bis spät in die sechziger Jahre gemieden,[14] und die gelegentliche Benutzung von Geigen und Celli seitdem ist immer noch von dem Risiko der Süßlichkeit und der Sentimentalität begleitet, zweier ästhetischer Merkmale also, gegen welche der Rock'n' Roll einst auszog und denen er seinen harten Staccato-Klang entgegensetzte. Im Zuge der Fusion von Stilen seit etwa 1970 finden im Rock nicht nur alle Instrumente des Jazz und der Bildungsmusik Verwendung. Auch von der neu belebten Volksmusik wie von der älteren

---

13 Zum Terminus „Bildungsmusik" vgl. Tibor Kneif: Rockmusik und Bildungsmusik, in: Wolfgang Sandner (Hg.): Rockmusik – Aspekte zur Geschichte, Ästhetik, Produktion (Mainz 1977, S. 131). Der Begriff findet in der Rockliteratur steigende Verbreitung.

14 Ausnahmen hiervon finden sich u.a. bei Elvis Presley, bei den Beatles, bei den Walker Brothers und bei Paul Jones.

Kunstmusik werden einst gebräuchliche, heute jedoch halb oder ganz vergessene Klangkörper wie Dulzimer, Laute und Krummhorn übernommen. Abgesehen von Experimenten dieser Art jedoch bleibt der Instrumentenstamm der Rockmusik leicht überschaubar. Die folgende Übersicht macht keinen grundsätzlichen Unterschied zwischen akustischen und elektrisch verstärkten Instrumenten bei der Gliederung, dagegen wird der unterschiedliche Gebrauch der beiden Varianten ein und derselben Instrumentengattung erläutert. Gesondert erscheinen in der Aufzählung sowohl die elektronischen Apparate wie die sogenannten Effektgeräte.

1. Gitarre

Die Gitarre steht auch heute noch im Vordergrund der Rockinstrumente, und sie wird vielfach zu Recht als das Symbol dieser Musik angesehen. Um dem Charakter einer Musik für Massen gerecht zu werden und eine große Lautstärke zu erzielen, wird in der Regel die elektrisch verstärkte Gitarre mit sechs Saiten verwendet (E A d g h e^1, die Töne notiert man eine Oktave höher). Neben der gewöhnlichen E-Gitarre bzw. statt ihrer wird auch eine Doppelhalsgitarre verwendet; die sechs genannten Saiten werden hierbei über dem einen Hals einfach, über dem anderen Hals teils doppelt, und zwar in folgender Verteilung, gezogen: Ee Aa dd^1 gg^1 hh e^1e^1 (man notiert auch in diesem Fall eine Oktave höher). Die E-Gitarre besteht aus massivem Holz, „solid body" genannt, besitzt also keinen eigenen Resonanzkörper, um unerwünschte akustische Rückkopplung („feedback") zu vermeiden. Unter den Saiten sind in Zupf- bzw. Schlaghöhe kleine Magnetspulen („pickups") angebracht, welche die Schwingungen der Saiten an den angeschlossenen Verstärker weitergeben.

Die sechssaitige E-Gitarre wird im Gruppenspiel als ein Soloinstrument wie auch zur Markierung des Rhythmus verwendet (Leadgitarre, Rhythmusgitarre). Die Rockmusik besteht nach wie vor zum größten Teil aus Gitarrenklängen, und ihre größten Stars sind singende Sologitarristen oder Gitarre spielende Solosänger. Von den bedeutenden Gitarristen seien genannt: B.B. King, dessen Gitarrentechnik auf die frühere Rockmusik wesentlich abfärbte; Chuck Berry, dessen hell eingestellter Staccato-Klang vor allem die Beatles und die Beach Boys zu Beginn der sechziger Jahre beeinflußte; Chet Atkins mit seiner virtuosen Country-Spielweise; Eric Clapton als Bluesgitarrist. Stefan Grossman, der freilich mehr der akustischen Gitarre zugewandt war und hier eine historisch vertiefte Spielweise förderte; Jimi Hendrix, der Vertreter eines mit Verzerrer und Feedback arbeitenden, „psychedelisch" ausgerichteten Gitarrenklangs; Jimmy Page mit seinem harten, dabei differenzierten Heavy-Rock-Spiel; John McLaughlin, in dessen vielseitigem manuell vollendetem Spiel Jazz und Rock zu einer selten erreichten Synthese gelangten; Les Dudek, Rick Derringer, auch Frank Zappa und Steve Hillage. All diese Gitarristen erreichen eine Klangdifferenzierung dabei weniger durch Variierung der Spieltechnik selbst, als vielmehr dank den vielfältigen Sound-Einstellungen auf der Gitarre und auf den angeschlossenen Geräten (Endverstärker, Synthesizer, Wah-Wah-Pedal, Verzerrer, Phasenverschieber usw.).[15]

Die akustische, ins Mikrophon gespielte Gitarrenmusik wurde noch in der ländlichen Vorform des Rock'n'Roll, im sogenannten Rockabilly, praktiziert. Die akustische

15 Michael Bäumer: Sound - Gitarre - Gitarrensound (in: Musik und Bildung, 1978, Hefte März, Mai und Juli/August, S. 193 f., 358 f., 527 f.).

Spielweise erlangte nicht nur im Folk- und Countryrock seit Ende der sechziger Jahre neue Aktualität, sondern wird auch von den anderen Rockmusikern gleichsam neu entdeckt und zumindest in Ergänzung des elektrisch verstärkten Klanges erprobt.[16] Es versteht sich, daß nicht nur die Übertragungsart, sondern auch die Spielweise anders ist, je nachdem die akustische oder die elektrisch verstärkte Gitarre benutzt wird. Die filigranen Verzierungen eines Flamenco-Gitarristen z.B. erheischen eine akustische Gitarre, und sie würden auf einer E-Gitarre in eine diffuse Klangmasse münden. Die E-Gitarre ist hingegen für einen kompakten Klang bestimmt, dessen Timbre und Struktur von den genannten Geräten geformt werden.

Die meisten Rockzeitschriften informieren regelmäßig über neue Modelle und technische Verbesserungen und bringen auch Interviews mit Gitarristen, die über spieltechnische Besonderheiten Auskunft geben.

Schallplatten und Literatur zum Thema (wie stets im folgenden, lediglich in einer Auswahl):

Schallplatten. B.B. King: *In London*, 1971 (D: ABC/Probe/Hör zu); *The Best of Chuck Berry*, 2 LP, o.J. (D: Chess/Bellaphon); *Chet Atkins And His Guitar*, 1964 (USA: RCA/Camden); Eric Clapton: *461 Ocean Boulevard*, 1974 (GB: RSO); Stefan Grossman: *Hot Dogs*, 1972 (GB: Transatlantic); Jimi Hendrix Experience: *Are you Experienced / Axis: Bold As Love*, 2 LP, 1967 (D: Polydor); Led Zeppelin: *Physical Graffiti*, 2 LP, 1975 (D: WEA); The Mahavishnu Orchestra with John McLaughlin: *The Inner Mounting Flame*, 1972 (NL: CBS); Les Dudek:-, 1976 (NL: CBS); Rick Derringer: *All American Boy*, 1973 (USA: Blue Sky); Frank Zappa: *Hot Rats*, 1969 (USA: Reprise/Bizarre); Steve Hillage: *Green*, 1978 (GB: Virgin).

---

16 Einen extremen Fall solcher Neuentdeckung bildet die LP *Rock'n'Roll* der amerikanischen Punkgruppe The Modern Lovers (USA: Beserkley) aus dem Jahre 1977.

Literatur. Monatsmagazin Guitar Player, seit 1967 (P.O. Box 615, Saratoga, Calif. 95070); Peter Bursch's Gitarrenbuch (Bonn/Bad Godesberg 1975 mit Schallplatte, 2. Band 1977 ebenda).

2. Baßgitarre

Die (elektrisch verstärkte) Baßgitarre übernahm in den fünfziger Jahren immer mehr die Rolle des (akustischen) Kontrabasses, der noch etwa in Bill Haleys Gruppe The Comets sowie in der instrumentalen, gewöhnlich von den Plattenfirmen zusammengestellten Begleitung vieler Vokalsolisten und Vokalgruppen einen festen Bestandteil des Instrumentariums gebildet hat. Eine ähnliche Ablösung des Kontrabasses durch die Baßgitarre fand im Jazz etwa zehn Jahre später, und zwar gleichfalls aus Gründen der Klangbalance, statt, doch verwenden Jazzbassisten auch heute noch vielfach den Kontrabaß. Ausser der viersaitigen, wie der Kontrabaß gestimmten Baßgitarre (E_1 A_1 D G, notiert wird eine Oktave höher) mit Bünden und neuerdings auch in bundloser Ausführung (Fender fretless bass) gibt es noch Sonderformen, so ein Instrument mit sechs Saiten sowie eine Doppelhalsgitarre, die mit dem linken Hals die Funktion der Baßgitarre, mit dem rechten diejenige der gewöhnlichen E-Gitarre erfüllt. Colin Hodgkinson von der englischen Gruppe Back Door beweist dabei, daß die Baßgitarre auch des virtuosen, solistisch gedachten Akkordspiels fähig ist. Bedeutende Baßgitarristen sind u.a. Jack Bruce, Stanley Clarke, der Deutsche Hellmut Hattler, Hugh Hopper, Jaco Pastorius, Richard Sinclair, Chris Squire und der aus Deutschland stammende Klaus Voorman.

Schallplatten. Back Door: –, 1973 (D: WEA); Jack Bruce: *Things We Like*, o.J., aufgenommen 1968 (D. Polydor); Stanley Clarke: *School Days*, 1976 (D: Nemperor/WEA); Hellmut Hattler: *Bassball,* 1977 (D: Electrola); Soft Machine: *Third,* 2 LP, 1970 (NL: CBS; mit Hugh Hopper); Jaco Pastorius: –, 1976 (NL: CBS/Epic); Caravan: *If I Could Do It All Over Again, I'd Do It All Over You,* 1970 (D: 2001/Metronome; mit Richard Sinclair); Chris Squire: *Fish Out Of Water,* 1975 (D: WEA); Ringo Starr: *Ringo*, 1973 (D: Electrola; mit Klaus Vorman).

3. Dobro, Mandoline, Bouzouki, Ukulele

Von den Verwandten und Varianten der akustischen Gitarre wird das Dobro genannte Instrument in Country und Country-Rock verwendet. Es ist eine Gitarre aus Holz, seltener aus Leichtmetall, in deren Corpus drei Metallkegel als Resonatoren untergebracht sind. Sofern das Dobro als ein Begleitinstrument benutzt wird, sind die sechs Saiten zu einem Dreiklang gestimmt; der Spieler hält eine massive Metallwalze („steel bar") zwischen den Fingern und gleitet mit ihr über die Saiten. Einer der bekanntesten Dobrospieler ist Mike Auldridge.

Schallplatten. Mike Auldridge: *Blues and Blue Grass,* 1974 (USA: Takoma); Ders.: –, 1976 (USA: Flying Fish); Fleetwood Mac: *Then Play On,* 1969 (wiederveröffentlicht 1973, D: WEA/ Midi).

Neben der Mandoline, deren Beschreibung hier sich erübrigt, wird eine Variante von ihr, das Bouzouki, in der Rockmusik verwendet. Das aus dem griechisch-albanischen Raum stammende Instrument besitzt, der Mandoline ähnlich, vier bzw. doppelchörig acht (gelegentlich sechs) Saiten, ist aber größer und schlanker als die Mandoline. Ganz selten wird das Bouzouki auch in elektrischer Verstärkung verwendet.

Die Ukulele ist ein kleines, aus Hawaii stammendes Zupfinstrument mit vier Saiten, die mit einem Plektrum angerissen werden. Dem Namen des Instrumentes entsprechend („hüpfender Floh") wird die Ukulele häufig in humoristischem Zusammenhang vorgetragen, abgebildet ist sie auf der Plattenhülle der unten angegebenen Platten.

Schallplatten. Tiny Tim: *God Bless Tiny Tim,* 1968 (USA: Reprise); Billy Cobham: *Life & Times*, 1976 (D: WEA/Atlantic).

4. Tasteninstrumente

Noch im Rock'n'Roll wurde das Klavier ausgiebig verwendet, und bei Fats Domino, Little Richard und Jerry Lee Lewis trat es als das dominierende Begleitinstrument in Erscheinung. Seine Bedeutung verlor es jedoch abrupt, als um 1963 Liverpool bzw. London zu Hauptstädten der Rockmusik avancierten. Die Arbeiterjugend in Liverpool sah das Klavier als einen Vertreter des Jazz und der Bildungsmusik an, zu dem man weder spieltechnisch noch geistig Zugang fand. Unter den unzähligen lokalen Gruppen um 1960–64 findet sich tatsächlich kaum eine, in der auch das Klavier gespielt wurde; zu den Ausnahmen zählen in Liverpool Gerry & The Pacemakers und The Mojos. Die gleichzeitige Musik in London war ihrerseits am Blues und an dessen Hauptinstrument, der Gitarre, ausgerichtet; auch in der vorhergehenden Skiffle-Bewegung der britischen Hauptstadt fand das Klavier keine Verwendung, lebten doch die Skiffler von der leichtesten Spielbarkeit ihrer selbstgebastelten Instrumente, während das Klavierspiel eine langjährige und systematische Schulung verlangt. Ähnlich den Blasinstrumenten, wurde das Klavier erst im Zuge einer Fusion mit dem Jazz rehabilitiert, ja von Jazzrock-Pianisten wie Herbie Hancock, George Duke und Joe Zawinul selbst in Rockkreisen zu Ehren gebracht.

Nicht das Klavier, sondern die elektrische Orgel war das Tasteninstrument, zu dem Rockmusiker am frühesten Zugang fanden. Um 1967–70 erzeugte die Hammond-Orgel viel von jenem Timbre, das von den damaligen Hörern als „psychedelischer Sound" wahrgenommen wurde. Blues Project, Rhinoceros, Steppenwolf, Attila u.a. in den Vereinigten Staaten, Steampacket, Brian Auger & The Trinity, Manfred Mann, Atomic Rooster und manche anderen Formationen in England ließen die gefühlsmäßige Assoziation zwischen verzerrtem Orgelklang und Subkultur entstehen und erstarken.

In der heute weitgehend offenen, eklektizistischen Rockmusik gibt es kein Tasteninstrument, das nicht benutzt würde, keines allerdings auch, das sich als typisch und vorherrschend behaupten würde, sieht man von Gruppen ab, in deren Musizieren das Tasteninstrument im Vordergrund steht, wie etwa bei Emerson, Lake & Palmer. Die wichtigsten Klangerzeuger sind, außer dem traditionellen Flügel, das elektrische Klavier, das wie ein elektrisches Clavichord funktionierende Clavinet D 6, die mechanische und die elektrische Orgel, das Mellotron (das auf Tonbändern gespeicherte Töne mit variabler Klangfarbe durch einen Tastendruck abruft) und der mit einer Tastatur verbundene Synthesizer. Üblicherweise faßt man all diese Tasteninstrumente unter dem Sammelnamen „Keyboards" zusammen.

Schallplatten. Jerry Lee Lewis: *Breathless,* 2 LP, o.J. (USA: Pickwick-Mercury); Little Richard: *Greatest Hits,* o.J. (D: CBS/Epic); *The Fats Domino Story,* 1970 (D: United Artists); Blues Project: *Projections,* 1967 (USA: Verve/Forecast); Attila: –, 1970 (USA: Columbia/Epic); Atomic Rooster: –, 1970 (D: Charisma/Phonogram); George Duke: *Don't Let Go,* 1978 (NL: CBS); Herbie Hancock: *Sunlight,* 1978 (NL: CBS).

5. Blasinstrumente

Ein charakteristisches Instrument vieler Rock'n'Roll-Bands der fünfziger Jahre war das Tenorsaxophon, das in Verbindung mit E-Gitarre, Kontrabaß, Schlagzeug und eventuell Klavier erklang und das eigentliche Melodieinstrument — im Gegensatz zu den genannten Rhythmusinstrumenten — bildete. In der Regel spielte der Saxophonist dabei nicht kontinuierlich, sondern trat nur in den instrumentalen Zwischenspielen, das Thema variierend, hervor. Einer der großen T-Saxophonisten war King Curtis, der auf vielen Einspielungen von Atlantic Records — so etwa mit den Coasters — um 1960 zu hören ist. Doch wurde das Tenorsaxophon aus der weiteren Entwicklung des Rock für mehrere Jahre verdrängt, und zwar aus gleichen Gründen wie das Klavier: man verband es allzu eng mit dem Jazz.

Die Mundharmonika übernahmen die Rockmusiker vom Blues ländlicher wie städtischer Prägung. Von wenigen Ausnahmen abgesehen bildet sie das einzige Blasinstrument in der Rockmusik der sechziger Jahre bis 1967–68. Besonders die bluesorientierten Gruppen, etwa John Mayall's Bluesbreakers in England, in den USA die Paul Butterfield Blues Band, verwendeten sie ausgiebig in dem genannten Zeitraum, zu Beginn ihrer Karriere übrigens auch die Beatles und die Rolling Stones. Heute gilt die Mundharmonika eher als ein archaisches, selten verwendetes Rockinstrument.

Am Ende der sechziger Jahre hielt die Querflöte ihren Einzug in die Rockmusik, und zwar hauptsächlich durch das extravagante Solospiel von Ian Andersen, dem Leiter der englischen Gruppe Jethro Tull; ihre erste Single erschien 1968. Im Gegensatz zur vielfältigen Verwendungsmöglichkeit des Instrumentes meidet Andersen weitgehend das Legatospiel und trägt in der Hauptsache synkopierte, in den Konturen zerrissene Melodienlinien vor.

Schallplatte. Jethro Tull: *Aqualung*, 1971 (D: Island/Phonogram).

Zwar tauchen weitere Blasinstrumente schon im mittleren Beat, besonders im Schaffen der Beatles, auf, doch nur als Bestandteile des Arrangements durch den Produzenten, nicht als eigentliche Gruppeninstrumente. So bildet das Hornsolo in „For No One" der Beatles (1966) die Zutat eines unbekannten Spielers, und es blieb der Musik der Liverpooler Gruppe äußerlich. Die übrigen Blasinstrumente wie Trompete, Kornett, Flügelhorn, Posaune, Saxophon, Tuba, Oboe und Klarinette wurden erst im Zuge der Jazz-Rock-Begegnung ab etwa 1968 ins Rock-Instrumentarium eingebracht, ohne außerhalb der Jazzrock-Richtung Verbreitung zu finden. Die Idee der Big Band-Besetzung bei Formationen wie Blood, Sweat & Tears, Chicago und Chase ging mit der Benutzung der genannten Blasinstrumente einher, doch auch die Big Bands der Art sind dem Jazz verpflichtet, ihr Klang gilt in der Rockmusik als entlehnt, der als solcher zur Differenzierung des Klangkolorits beizutragen vermag, aber sich mit dem Klang des traditionsstärksten Rockinstruments, der Gitarre, nur ausnahmsweise verträgt. Von den wenigen Ausnahmen, wo sich Blasinstrumente widerspruchslos in das Rockidiom einfügen, seien die folgenden Fälle genannt.

Schallplatten. Roxy Music: –, 1972 (NL: Island/Ariola); Sopwith Camel: *The Miraculous Hump Returns From The Moon*, 1973 (USA: Reprise); King Crimson: *In The Court Of The Crimson King*, 1969 (D: Island/Ariola); Supertramp: *Crime Of The Century*, 1974 (D: A & M/Ariola); Gerry Rafferty: *City To City*, 1978 (GB: United Artists).

6. Streichinstrumente

Wie das Waldhorn, wurde auf Platten der Beatles – niemals in Live-Konzerten – auch das Streicherinstrumentarium ab 1965 nutzbar gemacht („Yesterday" 1965, „Eleanor Rigby" 1966, „Martha My Dear" 1968). Freilich bilden auch die Streicher für den Rockmusiker der mittsechziger Jahre lediglich einen vom Arrangeur besorgten Farbenwert, vielfach auch den prätentiösen Griff nach den Gestaltungsmitteln der klassisch-romantischen Musik. Die Beatles, die von einer oberflächlichen Presse immer wieder mit Beethoven und Schubert verglichen wurden, mochten sich unter dem Druck der öffentlichen Erwartung wie „Klassiker" fühlen und glauben, daß die Kluft zwischen Rock und Bildungsmusik infolge ihrer Kompositionen eingeebnet sei, wiewohl sie das Handwerk der Instrumentierung und des Partiturschreibens nicht beherrscht haben.

Die Gruppen, die den Violinenklang am frühesten integriert haben, kamen vielfach von der Folk Music her oder waren an ihr ausgerichtet, wie It's A Beautiful Day in den Vereinigten Staaten und Fairport Convention, String Driven Thing und Darryl Way's Wolf in England. Auch der spürbar werdende Einfluß des Jazz ab 1970 ging mit einer häufigeren Verwendung der Geige einher; dabei wurde diese, um sich dem Tonvolumen der Rockinstrumente anzupassen, immer häufiger elektrisch verstärkt, zunächst durch ein am Geigenkörper befestigtes Kontaktmikrophon, später durch Verwendung der aus Massivholz gefertigten, störende Rückkopplungseffekte also nicht mehr verursachenden E-Violine. In letzterer Hinsicht machten besonders zwei Musiker, Jerry Goodman und Jean-Luc Ponty, die Violine im Jazzrock heimisch, ersterer durch sein Spiel bei Flock und nachher im Mahavishnu Orchestra, letzterer etwa auf der von Frank Zappa produzierten (und komponierten) LP *King Kong* aus dem Jahr 1970 sowie auf Soloalben aus jüngerer Zeit.

Weit seltener als die Violine findet die Bratsche im Rockbereich Verwendung. Wohl der einzige, der mit ihr gelegentlich hervortritt, ist John Cale, dessen Spiel etwa auf dem mit Terry Riley zusammen komponierten Album *Church Of Anthrax* (1970) zu hören ist.

Von allen Streichinstrumenten wurde bislang, seltsam genug, das Cello am massivsten von Rockmusikern eingesetzt. Bildete es bereits auf der ersten LP der englischen Gruppe Electric Light Orchestra Teil einer eigentümlichen Gesamtklangfarbe, so traten auf dem zweiten und dritten Album (1973 und 1974) neben der Violine gleich zwei Celli auf und überdeckten teilweise sogar die elektrische Baßgitarre. Übrigens wurde das Cello bereits in einer früheren Besetzung der genannten Gruppe, nämlich bei The Move, gespielt.

Der Einsatz eines ganzen Streichorchesters brachte bislang keine überzeugenden Ergebnisse im Rockbereich. Dies beruht auf dem ästhetisch wie geschichtlich ausgeprägten Gegensatz zwischen perkussivem Rock und massivem Streicherklang. Einer nahtlosen Integration steht zum einen die Assoziation mit dem spätromantischen Streichertimbre im Wege, zum anderen bildet der ausgewogene Schmelzklang des orchestral ausgeweiteten Streichquartetts den denkbar größten stilistischen Gegensatz zum Rock, dessen Klang nicht an einer Tutti-Klangaddierung, sondern an scharf voneinander abgehobenen Einzelstimmen ausgerichtet ist. Denn selbst die Begleit- und Rhythmusinstrumente werden im Studio einzeln eingespielt, und eine eventuell angestrebte Verschmelzung kommt erst nachträglich, etwa durch Erzeugung eines Nachhalls, zustande. Das bislang ungebrochen herrschende Ideal des Tonmeisters am Mischpult ist der gespaltene, analytisch aufgefächerte Klang, dessen Durchhörbarkeit infolge der Stereo-Kanaltrennung zusätzlich gefördert wird.

Eine gewisse Beliebtheit genoß früher das bereits erwähnte Mellotron, eine durch Klaviatur betätigte Reihe von Endlos-Tonbandschleifen, auf denen außer Vokal- und Bläsertimbre auch der Streicherklang gespeichert wird und das in letzterer Hinsicht als ein Streichinstrument gelten kann. In jüngerer Zeit wurde der auf diese Weise synthetisch hergestellte Streicherklang auf Schallplatten und in Konzerten verhältnismäßig selten.

Schallplatten. Violine im Rock. It's A Beautiful Day: –, 1970 (USA: Columbia); Fairport Convention: *Liege & Lief*, 1969 (NL: Island/Ariola); String Driven Thing: *The Machine That Cried*, 1973 (GB: Charisma); Darryl Way's Wolf: *Canis Lupus*, 1973 (GB: Deram); The Flock: *The Flock* und *Dinosaur Swamps*, 1969 (NL: CBS 1972); *King Kong, Jean-Luc Ponty Plays the Music Of Frank Zappa*, 1970 (GB: United Artists); Jean-Luc Ponty: *Enigmatic Ocean*, 1977 (D: WEA); Viola im Rock. John Cale / Terry Riley: *Church Of Anthrax*, 1969 (USA: Columbia); Violoncello im Rock. Electric Light Orchestra: –, 1971 (D: Electrola); Philharmonieorchester und Rock. Deep Purple / Jon Lord: *Concerto For Group And Orchestra*, 1970 (D: Harvest); Mahavishnu Orchestra: *Apocalypse*, 1974 (NL: CBS).

7. Schlaginstrumente

Schlaginstrumente bilden das Rückgrat der Rockmusik, sofern der durchgehend markierte Taktschlag, ein Hauptmerkmal von Rock, hauptsächlich ihre Aufgabe ist. Das Instrumentarium des Schlagzeugers unterteilt sich in Drums und Percussion, näher:

Drums: Große Trommel (bass drum), Trommel (snare drum), Hänge-Tom-Tom, Stand-Tom-Tom, Hi-Hat und Becken;

Percussion: alle zusätzlichen Schlag-, Schüttel- und Reißinstrumente wie Congas, Bongos, Schellentrommel, Schellenreifen, Tempelblocks, Kuhglocken, Cuicas, Maracas, Triangel, Glockenspiel, Röhrenglocken, Xylophon und Vibraphon.

Schon an den Rhythmusmustern eines Schlagzeuges kann man mitunter die Zugehörigkeit zu einem Rockidiom ablesen. Drum-Schlußformeln wie die folgende deuten auf Rock'n'Roll hin:

ebenso im Rock'n'Roll beheimatet ist der Begleitrhythmus

Der Restwert eines Taktes vor der neuen Gesangszeile pflegte im frühen Beat um 1962–64 mit folgendem Motiv ausgefüllt zu werden:

für den Beat der genannten Zeit ist auch der nachstehende Rhythmus charakteristisch:

Trotz der starken Orientierung der Rockmusiker am Schlagzeug mutet die Schlagzeugtechnik des Beat während der sechziger Jahre merkwürdig undifferenziert an, sowohl in dynamischer wie in rhythmischer Hinsicht.[17] Charakteristisch, daß die melodische und harmonsiche Vielfalt in der Musik der Beatles keine Entsprechung in der rhythmischen Gliederung findet, und die Schlagtechnik von Ringo Starr, dem Drummer der Liverpooler Gruppe, blieb bekanntlich bis zuletzt mittelmäßig. Auch in dieser Hinsicht wirkte der Jazz um 1970 befruchtend auf die Rockmusik, und nicht zuletzt die differenzierte Schlagarbeit eines Tony Williams und Billy Cobham führte nunmehr auch bei den jüngeren Rock-Drummern zu mehr spieltechnischem und künstlerischem Problembewußtsein. Vom Ende der sechziger Jahre an besitzt auch der Rock erfahrene und fantasievoll spielende Schlagzeuger. Genannt seien von den bekannteren Ginger Baker (früher bei Cream und Blind Faith), Phil Collins (bei Flaming Youth, Genesis und Brand X), Bill Bruford (bei Yes) und Carl Palmer (von Emerson, Lake & Palmer). Daß unter den Studiomusikern sich so vorzügliche Schlagzeuger wie Jim Keltner finden, beweist freilich, daß der Bekanntheitsgrad kein ausschließliches Kriterium bildet.

Schallplatten. *Ginger Baker's Airforce:* –, 2 LP, 1970 (D: Polydor); Brand X: *Moroccan Roll,* 1977 (USA: Passport/ABC); Bill Bruford: *Feels Good To Me,* 1978 (NL: Polydor); Billy Cobham: *Crosswinds,* 1974 (D: WEA).

17 Die seinerzeit kaum auffallende Undifferenziertheit der Schlagtechnik wird treffsicher von der holländischen Formation Gruppo Sportivo auf der LP *10 Mistakes* (D: Bellaphon 1977) parodiert.

8. Synthesizer

Der Synthesizer, ein rein elektronischer Tonerzeuger mit angeschlossenem Keyboard und Sequencer, hat in den letzten Jahren steigende Bedeutung für die Rockmusik erlangt. Die Haupteinheiten des Gerätes sind Generatoren, die Töne im gesamten hörbaren Frequenzbereich mit den Schwingungsformen Sinus, Rechteck, Dreieck und Sägezahn hervorbringen. Die erzeugten Töne können vielfältigen Verformungsprozeduren unterworfen werden. Diese sind

– Filterung: die Teiltöne des Klanges werden in bestimmten Frequenzbereichen ausgesiebt (passives Filter mit Hochpaß, Tiefpaß und Bandpaß) bzw. ein Spektrumbereich wird verstärkt (aktives Filter);
– Rhythmisierung: Der Klang wird in variable Zeitwerte unterteilt (sogenannte Rhythmusmaschine);
– Hüllkurvenformung: Anschlag, Dauer und Verklingen des Tones werden getrennt eingestellt, so daß ein Ton z.B. folgende Abläufe der Dynamik zeigen kann:

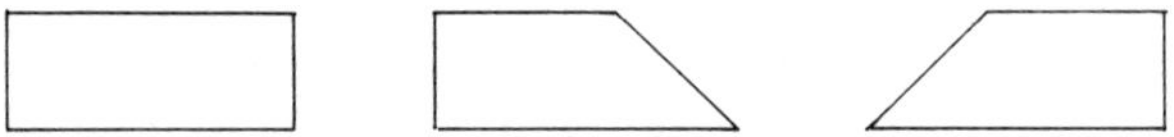

– Ringmodulator: zwei Töne werden eingegeben, das Ergebnis ist zum einen die Differenz der beiden Töne, zum anderen ihre Summe (so daß z.B. zwei Töne mit den Schwingungszahlen 800 Hz und 1200 Hz zum Resultat 400 Hz und 2000 Hz führen);
– Nachhall bzw. Echo wird mit Hilfe von kleinen Metallfedern unterschiedlicher Größe erzielt, indem diese in Resonanz gebracht werden, wobei man den hierdurch entstandenen nachhallgesättigten Klang verstärkt.

Das wichtigste Prinzip des Synthesizers besteht in der Kontrolle von Klangvorgängen mit Hilfe der Spannungssteuerung. Jede der genannten Einheiten (Tongenerator, Filter usw.) kann auch als eine Kontrollinstanz für andere Einheiten benutzt werden, und durch die Automatisierung der Steuerung erübrigt sich die sonst umständliche Handhabung des Apparates mit der Hand. Hierdurch entstehen zusammengesetzte Wellenformen, die zu sehr komplexen Klangprozessen führen können. Auch die angeschlossene Klaviatur (keyboard) dient als eine Kontrollinstanz: ein Tastendruck kann verschiedene, voneinander unabhängige Klangereignisse gleichzeitig auslösen. Der eingebaute Sequencer dient dazu, Tonfolgen von begrenztem Umfang zu speichern und nach Abruf beliebig viele Male zu wiederholen. Mit Vorliebe wird der Sequencer zur Erzeugung eines ständig wiederholten Motivs, des sogenannten Riffs, benutzt, und durch solche Automatisierung kann unter Umständen die Besetzung der Musikergruppe verringert werden. Der zuerst von dem Österreicher-Amerikaner Robert Moog gebaute Synthesizer wird heute von mehreren Firmen in sehr unterschiedlicher Ausführung und Preislage ausgeführt. In jüngster Zeit konstruierte Moog einen Synthesizer, der das Spiel mit mehreren gleichzeitigen Stimmen ermöglicht (Poly-Moog).

Schallplatten. Robert Margouleff / Malcolm Cecil: *Tonto's Expanding Head Band,* 1975 (USA: Atlantic); Kraftwerk: *Die Mensch-Maschine,* 1978 (D: Electrola); Brian Eno: *Before And After Science,* 1977 (D: Polydor); The Alan Parsons Project: *Pyramid,* 1978 (D: Arista/Electrola); Heldon: *6 – Interface,* o.J. (F: Cobra).

9. Effektgeräte

Die Effektgeräte dienen zur weiteren charakteristischen Verformung des Instrumentenklanges und werden in der Regel zwischen dem Instrument und dem Endverstärker angeschlossen. Die wichtigsten Effektgeräte sind:
—Wah-Wah-Pedal: es ist ein Klangfilter, das wie ein Fußhebel zu betätigen ist und welches die gewünschten Frequenzbereiche eines Klanges stufenlos herausfiltert.

Schallplatten. Attila: –, 1970 (USA: Columbia/Epic); Frank Zappa: *Hot Rats,* 1969 (USA: Reprise/Bizarre).

– Verzerrer: durch ihn erscheint der Klang des Instrumentes, in der Regel der Gitarre, wie verzerrt, übersteuert. Dieser verzerrte Klang (distorted sound) war eines der Begleitmerkmale der „psychedelischen" Rockmusik der endsechziger Jahre, seine Vielfalt läßt sich an jeder authentischen Platte von Jimi Hendrix beobachten.

– Phase shifter: die Schwingungsphasen eines Tons werden gespalten, verschoben, wodurch die Phasen nicht synchron, sondern mit einer minimalen Verspätung nacheinander verlaufen, doch ist die Verspätung bald kürzer, bald länger. (Wäre sie konstant, so würde sich schlichter Nachhall statt Phasenverschiebung ergeben.) Auch der schwirrende, schwerelos schwebende Klang, der durch das Phasing entsteht, kennzeichnete die psychedelische Rockmusik um 1970. Programmatisch, nämlich zur Untermalung eines „bewußtseinserweiternden" Erlebnisses, wird das Verfahren eingesetzt in dem unten angegebenen Stück.

Schallplatte. Small Faces: „Itchycoo Park", 1967, enthalten auf mehreren Sammelplatten, etwa Small Faces: *Autumn Stone,* 2 LP, 1969 (GB: Immediate).

– Power Mouth oder Voice Box: der Instrumentenklang wird durch einen Schlauch zum Mund des Spielers geführt und durch die variablen Mundhöhlen-Einstellungen unmittelbar vor einem Mikrophon sprachähnlich gemacht.

Schallplatte. Jeff Beck: „She's A Woman", auf Jeff Beck: *Blow By Blow*, 1975 (GB: CBS/Epic).

– Vocoder. Während sich der Mund bei der Voice Box lautlos bewegt, spricht man beim Vocoder mit normaler Stimme. Diese wird vom Apparat analytisch in einzelne charakteristische Teile zerlegt und dann erneut zusammengelegt. Verbinden läßt sich mit dem analytischen Lautbestand jeder akustische Vorgang, z.B. Klaviermusik, Windsäuseln, Orchesterklang usw. mit dem Ergebnis, daß das Klavier, der Wind, der Orchesterkörper usw. einen artikulierten Text zu singen scheint.

Schallplatte. Herbie Hancock: *Sunlight*, 1978 (NL: CBS).

III. Besetzung

Die moderne Aufnahmetechnik mit ihrem Multiplay-Verfahren rechtfertigt es, zwischen Zahl der aufgezeichneten Stimmen und Zahl der mitwirkenden Musiker zu unterscheiden. Da die Einzelspuren des Urtonbandes (master tape), das der anschließenden Pressung zugrunde liegt, durch zeitlich und vielfach auch örtlich getrennte Einspielungen entstehen, ist es zum Beispiel möglich, daß ein und derselbe Musiker einer Rockgruppe mehrere Instrumente hintereinander spielt. Bekannt sind auch Schallplatten, dessen komplexes Stimmengeflecht sogar nur von einem einzigen Musiker in dem genannten Overdubbing-Verfahren zusammengestellt wurde, etwa *Tubular Bells* von dem Engländer Mike Oldfield (Virgin, 1973), der die wichtigsten Rockinstrumente in untereinander verschiedenen Kombinationen, gleichsam in didaktischer Absicht, vorführt. Der Begriff der Besetzung wird weiter dadurch verunsichert, daß der Arrangeur Instrumente und vokale Begleitstimmen vorsehen kann, an deren Vortrag die stets namentlich angeführten Bandmitglieder gar nicht beteiligt sind. Stücke aus dem späteren Schaffen der Beatles wie „All You Need Is Love" (1967) und „For The Benefit Of Mr. Kite" (1967, auf dem *Sgt. Pepper*-Album) setzen viele Mitwirkende vom

Umfang eines Orchesters voraus, dennoch besteht die eigentliche „Besetzung" nur aus den vier Beatles. Und so kommt es vor, daß auf der Plattenhülle aus verkaufsfordernden Rücksichten der bekannte Rockmusiker genannt wird, während in Wirklichkeit ein namenloser Studiomusiker spielt.[18] Diese Praxis war freilich schon in der Plattenproduktion der fünfziger Jahre heimisch, und auch heute ist es häufig gar nicht möglich, nachzuforschen, welche Begleitmusiker und sogar Instrumentalsolisten an der Platte eines Solosängers oder einer Rockgruppe beteiligt sind. Alles in allem, der Begriff der Besetzung ist bei der Studioarbeit problematisch geworden, so daß er am besten bei den sogenannten Live-Konzerten verdeutlicht werden kann.

Wie Rhythmus, Klangfarbe und Formverlauf, erweist sich auch die Besetzung als geschichtsbedingt. Jede Epoche der Rockmusik zeigt eine Vorliebe für eine bestimmte Standardbesetzung, und letztere samt ihren Varianten bildet den typischen Klangkörper, an dem sich ein rockmusikalischer Zeitstil herausbildet. Einige Hauptzüge dieser geschichtlich wechselnden Besetzungstypen seien im folgenden genannt.

Die Rock'n'Roll-Zeit der fünfziger Jahre stellte den namentlich bekannten Solosänger in den Vordergrund, während die ihn begleitenden Musiker zumeist ungenannt blieben; so sind die Namen des Gitarristen und des Bassisten in weiten Kreisen auch heute unbekannt, die Elvis Presley auf den frühen Sun-Aufzeichnungen begleitet haben, obwohl beide ausgezeichnete Musiker waren und zur Entstehung eines Rockabilly-Idioms wesent-

18 Einen solchen Fall schildert Hunter Davies: The Beatles – The Authorised Biography (London 1968, S. 169).

lich beitrugen. Die Begleitinstrumente waren Rhythmusgitarre (meist vom Sängerstar markiert), Kontrabaß, Schlagzeug, gelegentlich auch Klavier und Tenorsaxophon; wie im Fall des frühen Presley, kam zuweilen eine virtuose Leadgitarre hinzu. Bill Haley, der seinen Gesang selber auf der Gitarre begleitet hat, wurde von sechs „Comets" unterstützt, die folgende Instrumente spielten: 1. Klavier, wahlweise Akkordeon, 2. Steel-Gitarre, 3. Tenorsaxophon, 4. Kontrabaß, 5. spanische Gitarre und 6. Schlagzeug. Eine reduzierte Besetzung zeigt etwas später Buddy Hollys (selber Sologesang und Gitarre) Gruppe The Crickets: 1. Rhythmusgitarre, 2. Kontrabaß und 3. Schlagzeug.

In einer vergleichbaren Besetzung wurden jene schwarzen Vokalgruppen in den Rock'n'Roll-Jahren begleitet, die paradoxerweise den geglätteten weißen Pop vertraten. Außer dem Solosänger wirkten zumeist zwei Tenöre, ein Bariton und ein bis zwei Bassisten mit, wie das etwa für die Platters, die Monotones, Frankie Lymon And The Teenagers, The 5 Royales, die Cadillacs und für die weiße Gruppe The Mystics zutrifft. Die um 1961–63 beliebten schwarzen Mädchenformationen bestanden gewöhnlich aus drei bis vier Sängerinnen, die instrumentale Begleitung blieb gleichfalls anonym.

Schallplatten. *Elvis – The Sun Collection,* 1975 (D: RCA); The Dominoes – *21 Hits*, 1977 (USA: King/Gusto); The Drifters – *24 Original Hits,* 2 LP, 1975 (D: WEA), *20 World Wide Hits*, Produced By Phil Spector, 1974 (GB: K-Tel).

Der Liverpooler Beat beruht in der Regel auf Quartett- oder Quintettbesetzung, auf der Funktionsverteilung von Leadgitarre, Rhythmusgitarre, Baßgitarre und Schlagzeug. Eine zweite Rhythmusgitarre oder/und ein Solosänger kann hinzutreten. In der genannten Viererbesetzung musizierten die Beatles, ausgenommen ihren frühen Hamburger Aufenthalt, wo sie als Quintett spielten, ferner The Searchers, The Fourmost, The Swinging Blue Jeans und The Merseybeats. Die sonstigen Provinz- und die Londoner Gruppen bevorzugten die Quintettstärke, so etwa The Animals, The Artwoods, The Downliners Sect, Manfred Mann, The Pretty Things, The Rolling Stones und The Yardbirds, wobei das fünfte Mitglied zumeist entweder solistisch sang (etwa bei den Rolling Stones und den Hollies) oder auf der Orgel spielte (etwa bei den Zombies). Doch bildeten einige wichtige Londoner Formationen wie The Kinks, The Who und später Pink Floyd ebenfalls Quartette.

Angesichts des großen Einflusses des Blues auf die Londoner Musikerzirkel überrascht nicht, daß in der Hauptstadt mehrere Gruppen auch das Saxophon integriert haben, unter anderem die Graham Bond Organisation, Alexis Korner's Blues Incorporated, The Zoot Money Big Roll Band und The Alan Price Set. Ein charakteristischer Zug des Beat der sechziger Jahre besteht in einem integrierten Gruppensound. Die Beziehung zwischen Leadsinger und sonstigen Mitgliedern erscheint nicht wie eine zwischen Star und untergeordneter Begleitung, zumal die Rolle des Solosängers – wie bei den Beatles – abwechselnd von mehreren Mitgliedern übernommen werden konnte, sondern eher wie die zwischen solistisch vorgetragenem Couplet und chorisch besetztem Refrain. Auch die damalige Imagepflege trug dem kollektiven Vortrag Rechnung. Die vier Beatles etwa lebten im öffentlichen Bewußtsein als vier gleichberechtigte Individuen, die sich charakterlich und musikalisch gegenseitig ergänzen. Daß neben der vorherrschenden Vierer- und Fünferbesetzung auch Duos und Trios zum einen, ferner stärkere Besetzungen zum anderen bestanden, versteht sich von selbst, auch funktionierten einige Gruppen, besonders die am Rhythm & Blues orientierten, nach dem Grundsatz einer Gegenüberstellung von Solosänger und Begleitung, so Georgie Fame & The Blue Flames sowie Chris Farlowe & The Thunderbirds. Aber letztere können füglich als Ausnahmen gelten.

Es erscheint zunächst widersprüchlich, daß der harte, verzerrte Klang der psychedelischen Jahre ab 1967 vielfach von der reduzierten Besetzung von Trios vertreten wurde. Zwei hervorragende Beispiele dafür bilden Jimi Hendrix Experience (1. Sologitarre und Gesang, 2. Baßgitarre und 3. Schlagzeug) sowie Cream (1. Sologitarre und Gesang, 2. Baßgitarre und Sologesang und 3. Schlagzeug und Gesang). Allerdings herrschte zwischen den beiden Formationen der Unterschied, daß Hendrix von den übrigen zwei Mitgliedern sich bloß begleiten ließ, während Cream eine musikalisch integrierte Gruppe war. Entgegen dem scheinbaren Widerspruch bilden gesteigertes Klangvolumen und zahlenmäßige Reduktion der Musiker zwei Seiten ein und derselben Entwicklung, denn angesichts der bevorzugten Klangverzerrung und der gesteigerten Lautstärke hätte sich ein Rhythmusgitarrist bei Hendrix ebenso wie bei Cream als überflüssig, ja als störend erwiesen. Das, was sich begrifflich als Hardrock oder als Heavy Rock umschreiben läßt, wurde auch später, um 1970–72, idealtypisch von Triobesetzungen verkörpert. Genannt seien unter ihnen Hard Stuff in England, Troyka in Kanada, Grand Funk und Sir Lord Baltimore in den USA.

Als eine Entsprechung auf der Gegenseite erscheint die gleichzeitige Ausweitung der Besetzung zu Big Bands bei Gruppen, die um 1967–70 eine Fusion von Jazz und

Rock zu ihrem künstlerischen Programm erhoben. Blood, Sweat & Tears traten mit zehn, Chicago mit sieben, Miles Davis (*Bitches Brew*, 1970) mit elf Mitgliedern auf, und die Londoner Jazzrock-Formation Centipede unter Leitung von Keith Tippett beschäftigte mehr als fünfzig Musiker (*Septober Energy*, 1971).

Im Unterschied zu den relativ beständigen Besetzungen während der sechziger Jahre trat ab 1970 die Erscheinung auf, daß ehemalige Gruppenmitglieder, die sich zu einer solistischen Laufbahn entschlossen haben, nunmehr keine feste Begleitgruppe um sich bilden, sondern ihre Schallplatten mit wechselnden Musikern und in wechselnder Besetzung einspielen; das gleiche gilt von ihren Live-Konzerten. Die Mitwirkenden sind dabei Freunde, die aus Gefälligkeit mitmusizieren, wie auch Studiomusiker, die wie Angestellte bezahlt werden. Das genannte Konzept wurde exemplarisch auf Schallplatten wie auch in Konzerten von Delaney & Bonnie verwirklicht, denn dem Ehepaar gelang es, für Studioaufnahmen und für Tourneen so versierte Musiker wie Eric Clapton, Duane Allman, Carl Radle, Leon Russell, Jim Keltner und Bobby Whitlock zu gewinnen. Etwas Ähnliches wurde bereits bei The Mothers Of Invention praktiziert, denn Frank Zappa, der Gruppenleiter, bezahlte seine Musiker wie hochqualifizierte Angestellte und entließ sie, wenn er mit ihrer Leistung nicht zufrieden war. Die ad hoc-Formationen der siebziger Jahre, für welche die jüngeren Platten von Bob Dylan, Eric Clapton, George Harrison und John Lennon Beispiele liefern, sind um so zugkräftiger, je mehr bekannte Musiker in ihnen mitwirken (die auf anderen Platten ihrerseits als Solisten fungieren und ihre eigenen Freunde samt Studiomusikern hinzuziehen). Von dieser programmatischen Fluktuation sind sowohl die gegenwärtigen Punkgruppen einstweilen unberührt, wie auch jene Formationen, die noch auf dem Grundsatz der Gruppenintegration von einst beruhen, etwa Genesis, Gentle Giant, Pink Floyd und Yes.

Zusammenfassend zeigt sich, daß auch in Fragen der Besetzung ein erheblicher Unterschied zwischen Rock und Bildungsmusik besteht. Hier, beim Rock, gibt es in der Regel keine schriftliche Vorlage, welche die Besetzung regeln würde, diese ist vielmehr Ergebnis einer persönlichen Konstellation, die entweder in einer fest umrissenen Gruppe oder in einer ad hoc-Vereinigung gegeben ist; dort ist die Aufführung eines Werkes an die Besetzungsvorschriften der Partitur gebunden. Pointiert heißt dies, daß die Zahl der jeweils Mitwirkenden beim Rock die musikalischen Funktionen erst eigentlich stiftet, während in der Bildungsmusik die partiturmäßige Stimmenzahl ihrerseits den Personenumfang der Mitwirkenden bestimmt.

IV. Vermittlungsformen

Im Unterschied zur Bildungsmusik wird Rock fast ausschließlich auditiv, durchs Gehör, vermittelt; notierte Musik bildet bei ihm die Ausnahme. Selbst im Bereich der Schriftlosigkeit sind die Gewichte bei beiden anders verteilt, denn das öffentliche Konzert erfüllt im Rock zumeist eine Hilfsfunktion, während die Schallplatte das alles überragende Medium darstellt.

1. Schallplatte

Von den heute bekannten drei Größenformaten haben im Rockbereich lediglich die 30- und die 17 cm-Schallplatten Bedeutung, während die früher herrschende Größe von 25 cm Umfang erst im Punk der Gegenwart wieder eine gewisse Aktualität erlangt. Historisch ist die erstgenannte 30 cm-Platte insofern die früheste, als ihre Normalgeschwindigkeit von 33 Umdrehungen schon bei den alten Schellack-Platten versucht wurde; wegen des mangelhaften Stoffes, der das bekannte Rauschen alter Aufnahmen verursacht, wurde diese Geschwindigkeit jedoch auf 78 Umdrehungen pro Minute (U/min) heraufgesetzt. Die bis 1951 vorherrschende 25 cm-Schellackplatte wurde abgelöst einerseits durch den 30 cm-Longplayer mit 33 U/min, andererseits durch die 17 cm-Single mit 45 U/min. Eine Single enthält in der Regel pro Seite ein Musikstück von 2–3 Minuten. Sie bildete um die Mitte der fünfziger Jahre die wichtigste und dann überwiegende Verbreitungsform des Rock'n 'Roll. Erst am Ende der fünfziger Jahre wurde es üblich, die bereits veröffentlichten Singles eines Sängers oder einer Gruppe auf einer 30 cm-LP nochmals herauszubringen. Im Zeitraum von 1965–1975 ging die Bedeutung der Single für die Rockmusik beträchtlich zurück, bedingt durch die Entstehung komplizierterer Ablaufsprozesse, deren Dauer von nicht selten fünf bis fünfzehn Minuten die Verwendung einer Langspielplatte verlangte. Gleichzeitig mit dieser Entwicklung entstand die Mischform des Extended Players (EP), d.i. einer Schallplatte von der Größe einer Single, die jedoch mindestens auf einer Seite zwei oder drei Stücke enthält, die Geschwindigkeit ist dabei 45, selten 33 U/min. Erst die Punk- und New Wave-Richtung verhalf der Single seit 1976 erneut zur Rolle, die sie als die wichtigste Klangvermittlung in den fünfziger Jahren besaß.

Eine Single strebt Hit-Charakter an, d.h. ihrer Veröffentlichung liegt die Absicht zugrunde, massenweise und womöglich millionenfach verkauft zu werden. Die kurze Dauer der auf einer Single enthaltenen Stücke macht eine ausholende, auf thematisch-motivischer Arbeit beruhende Klangentfaltung von vornherein unmöglich, stattdessen wird auf prägnante Themen, sinnfällige Kontraste und eine hervorragende Klangqualität Wert gelegt. Diese Einschränkungen bewirken nicht zwanghaft, daß das Musikstück in künstlerischer Hinsicht uninteressant ausfüllt. Doch erscheint der ästhetische Rang eines Single-Stückes untergeordnet. Dabei nimmt die Plattenfirma in Kauf, daß von der zweiten Single-Seite, der B- oder Flip-Side, keine Notiz genommen wird, wenn nur die A-Seite grossen Anklang findet. Diese Rangordnung zweier Musikstücke wird schon in der alphabetischen Reihenfolge (A- bzw. B-Seite oder 1. und 2. Seite) festgelegt, ferner in der Vorstellung, daß die B-Seite eine bloße Begleitfunktion erfüllt, ja eigentlich eine Zugabe darstellt. Hierauf deuten schon die gebräuchlichen Abkürzungen c/w oder b/w, d.h. „coupled with . . ." bzw. „backed with . . .". Nicht selten jedoch wird diese Strategie als ein Irrtum offenkundig, wenn die als schwächer eingeschätzte B-Seite zum eigentlichen Hit wird, während das A-Stück einen bloßen Achtungserfolg erlangt.

Wie erwähnt, wurde die Langspielplatte mit einer Geschwindigkeit von 33 U/min (LP) seit Mitte der sechziger Jahre für den Rock bedeutsam, als die Musiker länger dauernde Klangprozesse entwarfen und motivische oder sonstige Verbindungen unter den Einzelstücken herzustellen suchten. Die Beatles in England und die Mothers Of Invention in den Vereinigten Staaten experimentierten am frühesten mit einer LP-Gattung, die nachher den Namen Concept Album erhielt. Ein als Ganzes konzipiertes, gleichsam durchkomponiertes Album entsteht, wenn die Platte durch Beziehungen im Text oder in der Musik ein geschlossenes, zusammenhängendes Werk darstellt. (Eine LP wird oft, dem angelsächsischen Sprachgebrauch entsprechend, ein „Album" genannt). Als ein frühes Beispiel für solche – wie man sagen könnte – „Schallplattenwerke" kann die LP *Sgt. Pepper's Lonely Hearts Club Band* der Beatles von 1967 angesehen werden, insofern als die Show-Darbietung zu Beginn und am Ende einen regelrechten Rahmen bildet und insofern die Einzelstücke, tonartlich übrigens so gut wie symmetrisch angeordnet, sich mosaikartig zum Gefühlsausdruck einer neuen, der Erwachsenenwelt skeptisch gegenüberstehenden Generation zusammenfügen. Die gleiche Absicht, ein geschlossenes Album herzustellen, kennzeichnet auch *Absolutely Free* der Mothers Of Invention, eine kurz vor *Sgt. Pepper* erschienene LP, die auf der Plattenhülle als „a series of underground oratorios" umschrieben wird. Die Jahre 1968–70 brachten weitere, noch straffer konzipierte Plattenwerke hervor, unter ihnen die Rockopern *S.F. Sorrow* von The Pretty Things und *Tommy* von The Who (1968 und 1969).

Neben diesen im Rockbereich neuartigen Versuchen wurden freilich – und, quantitativ gesehen, wurden in erster Linie – auch LPs vom älteren Typus produziert, Nummern-Langspielplatten also, die zehn bis vierzehn kurze Stücke ohne eine Beziehung unter sich enthalten. Was das Verhältnis von LP und Single betrifft, so zeigt die Praxis der herstellenden Firmen zwei Möglichkeiten: entweder werden aus der LP keine Singles ausgekoppelt, und die Einzelstücke sind nur auf der LP zugänglich, oder einige Musikstücke, die einer LP entstammen, erscheinen früher als die LP selbst, und der Verkauf der LP wird in dieser Weise von einer oder mehreren Singles gefördert. Das „Auskoppeln" im eigentlichen Sinn besteht in einer Variante des letztgenannten Verfahrens, darin, daß von einer bereits veröffentlichten LP einige Stücke abgetrennt und als Single bzw. Singles angeboten werden. Bei der Entscheidung darüber, welches Verfahren gewählt werden soll, entscheiden ausschließlich marktstrategische Gesichtspunkte.[19]

---

19 Üblich ist auch das Verfahren, daß eine Seite von einer Single auf keiner früheren oder späteren LP noch einmal enthalten ist. Der Rockfan fühlt sich in diesem Fall gezwungen, beides, Single und LP, zu kaufen.

Eine Sammelplatte oder Sampler treibt den Typus der Nummern-Schallplatte insofern weiter, als sie in der Regel Stücke enthält, die ursprünglich auf verschiedenen Platten standen. Andererseits bringt sie eine vereinheitlichende Idee zum Ausdruck, und insofern verkörpert sie den Typus des Concept-Albums. Sammelplatten können etwa einen Querschnitt aus der Tätigkeit einer Gruppe in sich vereinigen, eine repräsentative Auswahl aus der Rockproduktion einer Firma bieten, nicht mehr erhältliches Singles-Material erneut zugänglich machen, Höhepunkte eines Festivals festhalten usw.

2. Rundfunk und Fernsehen

Die Förderung des frühen Rock'n'Roll um 1954–56 in den Vereinigten Staaten war hauptsächlich das Verdienst kleiner lokaler Sender, die ihr Programm auch auf Minderheiten (Schwarze, Jugendliche) abstimmten. Die größeren Stationen verhielten sich der neuen Musik gegenüber dagegen zurückhaltend, ja feindselig, und besonders eifrige Discjockeys zerbrachen demonstrativ die Rockplatten und forderten die Zuhörer bzw. die Zuschauer auf, das Gleiche zu tun. In dem Maße, in dem Rock zu einer Selbstverständlichkeit moderner Jugendkultur wurde, räumten jedoch alle Rundfunk- und Fernsehsender ihm feststehende und zuweilen ausgiebige Sendezeiten ein. Bis in die siebziger Jahre hinein hat sich in den USA dabei der Brauch fortgesetzt, daß eine Mittelwellen-Station (Amplitude Modulated Radio, AM) ausschließlich Stücke aus den bestverkauften Singles, den Top 40, sendete, während das Spielen von LPs den örtlichen Kurzwellen-Programmen (Frequency Modulated Radio, FM) vorbehalten blieb. Heute sind die Grenzen zwischen den beiden Sendertypen durchlässig geworden.

Das meiste, was in den sogenannten Hitparaden der Rundfunk- und Fernsehanstalten – die Bundesrepublik und West-Berlin nicht ausgenommen – angeboten wird, ist freilich „Pop" im Sinne von Pop-Rock für Vierzehn- bis Sechzehnjährige. Dem entspricht der improvisierte Kommentar des Discjockeys, ferner die Art, wie er die erfolgreichsten Stücke vorstellt, nicht minder die Sprache, die sich durch künstlich primitiv gehaltenes Ausdrucksvermögen und verkrampftes Witzigseinwollen kennzeichnet. Im Hinblick auf die geringschätzige Behandlung des Hörers durch die meisten Discjockeys empfängt die Rockmusik von den genannten Anstalten kaum eine nennenswerte Förderung, jedenfalls wird keine Aufklärung geleistet, die dazu führen könnte, genauer zuzuhören und Qualitätsunterschiede wahrzunehmen. Die Rockprogramme der Sender reproduzieren und bestätigen einstweilen nur die angeblichen oder tatsächlichen Verkaufsverhältnisse, statt auch eine von kommerziellen Gesichtspunkten unabhängige Neubewertung anzustreben.

3. Konzert

Während Rockmusik in ihren Anfängen, in den fünfziger und beginnenden sechziger Jahren, als Tanzmusik hergestellt und rezipiert wurde, die als solche in Tanzparties auf der Schallplatte sowie in Tanzhallen „live" eine direkte gesellschaftliche Funktion zu erfüllen hatte, verwandelte sie sich seit Mitte der sechziger Jahre immer mehr in eine „Darbietungsmusik" (Heinrich Besseler), die vom Hörer als ein in sich ruhender ästhetischer Gegenstand aufgenommen wird. Bei diesem Vorgang spielte der erwachte Ehrgeiz vieler Rockmusiker eine Rolle, Kunst herzustellen, statt eine bloße Klangkulisse zum

Tanzen oder zur Unterhaltung zu liefern. Zwei Symptome dieser Entwicklung springen in die Augen, einmal die Literarisierung der Rocktexte, etwa bei den Beatles und bei den Londoner Rhythm & Blues-Gruppen von Alexis Korner, John Mayall und anderen; sorgfältig herausgearbeitete humoristische Pointen finden sich freilich bereits bei den Liederschreibern Jerry Leiber und Mike Stoller, deren Stücke von namhaften Vokalgruppen wie The Coasters, auch von Solisten wie Elvis Presley vorgetragen wurden. Zum anderen trat in den Rockstücken eine metrische und rhythmische Vielfalt auf, die nunmehr unabhängig von Tanzbarkeit fortentwickelt wurde; irreguläre Takte wie 5/4 und 9/8 sowie gelegentliche Taktwechsel bildeten nunmehr keine Seltenheit. Ein Musikstück wie George Harrisons „Within You, Without You" auf dem *Sgt. Pepper*-Album der Beatles von 1967 etwa macht von einem ständigen Taktwechsel Gebrauch. Erst recht komplizierten sich die metrischen Verhältnisse von 1970 an, als Jazz- und Rockelemente sich miteinander vermischten und der zweifelsohne größere metrische und rhythmische Reichtum des Jazz auch den Rockmusikern verfügbar wurde. Mit einem Wort, Rockmusik als einstige Tanzmusik verselbständigte sich zu einer Kunstform, die im Konzertsaal dargeboten wird.

Als Konzertmusik wird der Rock in großen Musik- und Mehrzweckhallen dem Publikum vermittelt, auch unter freiem Himmel in Parks, Arenen und auf großen Geländen, die mit dem Musikleben häufig nichts zu tun haben. Einige geschlossene Räume, in denen Rockkonzerte stattfinden oder früher stattfanden, sind Royal Albert Hall, Rainbow, Hammersmith Odeon in London, Fillmore East, Carnegie Hall in New York, Fillmore West in San Francisco, Roxy in Los Angeles, Paradiso in Amsterdam, die Deutschlandhalle in Berlin. Gelände unter freiem Himmel, wo rockgeschichtlich bedeutsame Veranstaltungen stattfanden, sind Hyde Park in London, Madison Square und Shea Stadium in New York, die Waldbühne in Berlin usw.

Ab 1967 wurden die Festivals als Vermittlungsform bedeutsam, an denen sich bis zu dreihundert bis vierhundert Tausend Hörer beteiligten. Die wichtigsten Festivals dieser Art, die stets unter freiem Himmel stattfinden, waren das Monterey Pop Festival (1967), Woodstock (1969), Altamont Speedway (1969), Isle Of Wight und Glastonbury (1972), in der BRD die Essener Songtage, das Festival auf der Insel Fehmarn, das jährliche Festival in Vlotho „Umsonst und draußen" u.a.m. Da Festivals mehrere Tage dauern, werfen sie das fast unlösbare Problem von Versorgung, auch von Hygiene, Disziplin und Friedfertigkeit auf – Probleme, an denen nicht wenige Festivals in der Vergangenheit scheiterten. Einige blutige, z.B. in Altamont im Dezember 1969, hinterließen sogar abschreckende Beispiele für die Folgezeit.

Im Vergleich zu den Schallplatten bilden Rockkonzerte und Festivals eine sekundäre Vermittlungsform, da sie am häufigsten dazu berufen sind, das Publikum auf eine soeben herausgekommene Platte aufmerksam zu machen. Rockkonzerte sind demnach Mittel der Platten-Promotion, auch wenn sie in Bühnenshow Eigenes aufbringen und auch wenn die Musik der Live-Darbietung infolge zeitlich ungebundener Improvisationen von der Schallplatten-Fassung erheblich abweichen kann, wie dies die beiden Versionen der LP *Wheels Of Fire* der englischen Gruppe Cream belegen.

Schallplatten. Woodstock, 3 LP, 1970 (D: Atlantic); *Woodstock Two*, 2 LP, 1971 (USA: Atlantic); *The Last Days Of Fill-*

more, 3 LP, 1972 (D: WEA); *The Concert For Bangla Desh,* 3 LP, 1971 (NL: Apple); *Isle Of Wight/Atlanta Pop Festival,* 3 LP, 1971 (USA: Columbia); *Glastonbury Fayre Festival,* 3 LP, 1972 (D: Ariola); *Over The Rainbow: The Last Concert, Live!,* 1975 (D: Chrysalis/Phonogram); *Pop & Blues Festival '70,* 2 LP, 1970 (D: MCA); *Brain-Festival Essen,* 2 LP, 1977 (D: Brain/ Metronome); *Umsonst & Draussen – Vlotho 1976,* 1976 (D: Mol); *Max's Kansas City,* 1976 (USA: Ram); *Max's Kansas City II,* 1977 (USA: Ram); *Original Punk. Live From The CBGB's Club, New York,* 2 LP, 1976 (D: WEA); *The Roxy London WC2, Jan–Apr 77,* 1977 (GB: EMI).

Literatur. Song–Magazin 1968 für IEST (Essen 1968); Siegfried Schober: Let It Bleed. Die Rolling Stones in Altamont (München 1970); Robert Christgau: Anatomy Of A Love Festival, in: Ders.: Any Old Way You Choose It. Rock and Other Pop Music, 1967–1973 (Penguin Books 1973).

4. Noten

Die Geschichte der Bildungsmusik ist untrennbar mit der Entwicklung der Notation verbunden, und die geregelte, bewußt komponierte Polyphonie dieser Musik hätte ohne schriftliche Fixierung wohl gar nicht entstehen können. Kaum weniger Gewicht besaß die Notation für die sogenannte Trivialmusik des 19. Jahrhunderts, für die Salonpièecen, die Märsche für kleinere Besetzung, die Potpourris aus Opern im Klaviersatz und dergleichen mehr. Die mächtige nordamerikanische Musikindustrie im 19. und 20. Jahrhundert beruhte nicht zuletzt auf dem Geschäft mit Noten („sheet music"), und die Tin Pan Alley entwickelte Strategien von hohem Raffinement, um die Verbreitung ihrer Noten über berühmte Sänger zu fördern.[20]

Mit dem Aufkommen der Rockmusik erlitt das Unterhaltungsmusik herstellende Verlagswesen in den USA

20 Tony Palmer a.a.O.

eine beträchtliche Einbuße. Auch die Zuwendung breiter Kreise zum Blues und zum weißen Folksong zu Beginn der sechziger Jahre erfolgte ohne, ja gegen den Notendruck. Rockmusik ist seitdem in der Hauptsache eine schriftlose Musik geblieben, und obwohl sie weit weniger von der Improvisation zehrt als der Jazz, spielt die schriftliche Aufzeichnung beim Einstudieren von Rockstücken so gut wie keine Rolle, während sie unter Jazzmusikern am Anfang jeder kollektiven Arbeit zu stehen pflegt. In der Tat können die meisten Rockmusiker, und unter ihnen auch namhafte, gar keine Noten lesen, und bei der Verfertigung einer Partitur sind sie auf den Arrangeur angewiesen. Dies heißt freilich nicht, daß Musikverlage bisher keinen Nutzen aus der Rockmusik gezogen hätten, denn Noten werden von allen bekannteren Gruppen zum Verkauf angeboten, ja die Herstellung von Notenheften mit Musik und Text der Beatles und der Rolling Stones zeigt großindustrielle Ausmaße. Aber solche Aufzeichnungen für Klavier oder Gitarre geschehen stets nachträglich. Sie sind Transkriptionen von Stücken einer Schallplatte, deren primäre Wichtigkeit für die Rockmusik sich auch in diesem Umstand bekundet. Bedingt durch die mangelnde Vertrautheit des Rockmusikers mit der Notation, wird solche nachträgliche Fixierung von anderer Hand vollzogen mit der Folge, daß sich immer wieder Unterschiede zwischen Platten- und Notenfassung ergeben. Auch sonst ist der schlichte Klaviersatz des Notenheftes nicht geeignet, den geschichteten, aus vielfältigen Studioprozeduren hervorgegangenen Klang der Rockstücke wiederzugeben. Ein typisches Beispiel für die Diskrepanz bildet das Ausblenden des Tones am Ende einer Schallplattennummer („fading"), das sich auf dem Klavier nicht nachahmen läßt. Mag auch am Ende des notierten Stückes die Anweisung „Repeat till fade with effects" stehen,[21] sie verrät, daß das Notenblatt das nachträgliche Protokoll eines Hörvorganges darstellt und nicht seinerseits eine Richtschnur für die Aufführung bildet. Gedruckte Rockmusik ist mithin eine ungefähre, oft sogar falsche Nachzeichnung eines Musikstückes, dessen primäre Daseinsform der auf der Schallplatte festgehaltene oder im Konzert verklingende Klangprozeß ist.

---

21 Vgl. The Beatles Complete. Piano Vocal/Easy Organ (London/New York o.J., passim).

V. Herstellung und Vermarktung

1. Studioarbeit

Gesagt wurde bereits, daß infolge der modernen Studiotechnik die Frage nach der „Besetzung" eines Rockstückes weitgehend relativiert wurde. Durch zwei Umstände ist dies bedingt: das Arrangement kann die Mitwirkung weiterer, häufig gar nicht genannter Musiker vorsehen, und ein und dasselbe Mitglied einer Rockgruppe kann mehrere Instrumente spielen, wobei die getrennt aufgezeichneten Stimmen im endgültigen Klangresultat als ein gleichzeitiges Stimmengeflecht erscheinen.

Gesetzt, der zu singende Text ist bereits geschrieben, die musikalische Faktur in der Vorstellung der Beteiligten im großen und ganzen fixiert, und auch die jeweilige Aufgabe der Einzelmusiker der Gruppe steht fest. Mit dem so eingeübten Stück erscheinen die Gruppenmitglieder samt dem Produzenten im Studio, um eine Plattenaufnahme zu machen. Die Bandspuren werden im voraus den einzelnen Stimmen zugeordnet, mit anderen Worten, es wird mit dem Tonmeister vereinbart, wie viele Spuren zur Aufzeichnung des Stückes notwendig sind. Dies hängt nicht zuletzt von den Möglichkeiten des gewählten Studios ab; es ist dabei üblich, den technischen Stand eines Studios in der Weise zu charakterisieren, daß man angibt, wie viele Bandspuren dort nebeneinander aufgezeichnet werden können.[22] In einem modernen Studio mit 12-24-Spur-Geräten werden trotzdem kaum alle Spuren besetzt, zumindest einige wenige bleiben für Reservezwecke bzw. für die Synchronisierung getrennt laufender Tonbänder frei. Die Aufnahme wird vom Tonmeister am Aufnahme- bzw. Mischpult besorgt und zugleich kontrolliert; das Mischpult hat die Funktion, die Einzelstimmen in technisch einwandfreier Qualität an die Bandmaschine weiterzuleiten und die bereits aufgezeichneten Stimmen untereinander erneut „abzumischen". Im Hinblick auf diese wichtige Aufgabe kann man das Mischpult als das Herzstück eines jeden Studios bezeichnen, da von seiner Kapazität wie von seinen sonstigen Möglichkeiten das klangliche Ergebnis abhängt.

Begonnen wird in der Regel mit der Aufzeichnung der Rhythmusgruppe, zunächst des Schlagzeugs und der Baßgitarre. Vielfach wird den anschließenden Spurenaufzeichnungen die unbestechlich genaue Tempomarkierung einer Rhythmusmaschine untergelegt, die für ein absolut gleichmäßiges Zeitmaß sorgt; diese Spur wird später, wenn die wichtigsten Spiel- und Gesangspuren bereits aufgenommen worden sind, wieder gelöscht, da sie keine musikalische, sondern lediglich eine disziplinierende Funktion erfüllt. Angenommen, man hat das Pulsieren ei-

---

22 Die größeren Plattenfirmen verfügen über eigene Studios. Wichtig sind noch etwa Wally Heider's in Los Angeles und in San Francisco, Record Plant in Sausalito, Record Plant in New York, Electric Lady ebenda, Muscle Shoals Sound in Alabama; in London AIR, Trident, Morgan und Olympic, in der BRD Conny's Studio in Neunkirchen, Studio Dieter Dierks in Stommeln, Musicland in München; in Berlin West Hansa und Paragon.

ner Rhythmusmaschine bereits auf dem Tonband, so stellen sich Schlagzeuger und Baßgitarrist in einem eigenen, vom Kontrollraum des Tonmeisters durch eine schallisolierende Glaswand getrennten Zimmer auf, um ihre Spuren einzuspielen. Während die exakte Zeitmarkierung der Rhythmusmaschine ihnen durch einen Kopfhörer übermittelt wird, spielen sie ihre Stimmen in jeweils eigene Mikrophone ein, wobei der Schlagzeuger, der in einem weiter abgetrennten Raum – dem Baßgitarristen wie auch dem Tonmeister sichtbar – spielt, seinerseits nicht eine, sondern zumeist mehrere Spuren zugleich besetzt, da über fast jedem seiner Instrumente (Drum, Tom-Tom, Hi-Hat usw.) ein eigenes Mikrophon hängt. Nehmen wir an, daß Schlagzeuger und Bassist insgesamt vier Spuren belegt haben.

Die Spur der Rhythmusmaschine wird nunmehr abgeschaltet, und die fertigen Spuren von Schlagzeuger und Baßgitarrist dienen als rhythmische Unterlage für die weiteren Stimmenaufzeichnungen. Je eine eigene Spur steht dem Rhythmusgitarristen, dem Pianisten, dem Organisten, dem Clavinet-Spieler usw. zur Verfügung (die genannten und eventuell weitere Keyboardinstrumente werden zumeist von einem einzigen Spieler bedient), sodann der vokalen Begleitung und ganz zuletzt dem Solosänger.

Von den Tonbandspuren („tracks") sind die sogenannten Takes zu unterscheiden. „Take" ist gleichsam ein Anlauf zur Spurenaufzeichnung. Der erste Anlauf mag teilweise mißglückt sein, so daß eine Wiederholung der Aufnahme, d.h. ein zweites Take für den Tonmeister, notwendig erscheint. Ist auch dieser Anlauf nicht ganz zufriedenstellend, so können weitere Takes gemacht werden, bis ein Take makellos ausfällt, so daß es als die endgültige Spurenaufzeichnung akzeptiert wird. Vielleicht jedoch entscheidet man sich dafür, die jeweils besten Stellen der einzelnen Takes auszukoppeln und sie zu einer einzigen Spur zusammenzukleben, so daß die endgültige Spur als die Auslese mehrerer Takes entstehen kann. Obwohl dieses letztere Verfahren vom Plattenhörer gar nicht durchschaut werden kann, widerspricht es dem spieltechnischen und künstlerischen Ehrgeiz mancher Musiker, so daß auf Plattenhüllen häufig sich eine Versicherung des Gegenteils eines solchen Verfahrens findet: „This recording was made in one take."[23]

Haben die Musiker die ursprünglich vorgesehenen Spuren bespielt, so heißt das nicht, daß das Klangresultat sie oder den verantwortlichen Produzenten in jeder Hinsicht befriedigt. Gewisse Passagen können ereignislos und nichtssagend klingen, andere wiederum erscheinen zu massiv und überarrangiert. Im ersteren Fall werden entweder zusätzliche, klangbelebende Instrumente wie Triangel, Schellen usw. über die anderen Stimmen gelegt, oder ein bereits verwendetes Instrument spielt eine zweite Stimme ein, z.B. in der Weise, daß etwa die Sologitarre nunmehr wie ein Duo zweier Gitarren erscheint. Zu den Mitteln der Klangbelebung zählen auch die mancherlei elektronischen „Gags", Echos, Glissandi, zusammengesetzte Wellenkurven u.a.m., mit denen der Tonmeister das Stück auszustatten pflegt, aber auch allerlei eingeblendete Umweltgeräusche wie Autoverkehr, Gesprächsfetzen, Gelächter und Tierlaute, die zusätzliche ästhetische Information bieten sollen. Möglich ist, daß der Beitrag des Produzenten oder des Tonmeisters zur Musik durch solche Einfälle sogar interessanter ist als die ur-

23 Vgl. etwa die Plattenhülle von Billy Cobham, *A Funky Thide Of Sings*, 1975 (D: WEA).

sprünglich konzipierte Musik der Gruppe; unzählige Aufnahmen amerikanischer Gruppen aus den Jahren der Beatles-Nachahmung 1966–69 zeugen von diesem Mißverhältnis. Im oben genannten zweiten Fall, wenn das Stimmengeflecht zu massiv wirkt, können bereits eingespielte Stimmen ausgesondert oder vereinfacht werden. Die Möglichkeiten der Klangvariierung, der Verfremdung und der elektronischen Gags lassen sich auch hier nicht aufzählen. Außer daß sie von den technischen Möglichkeiten der Studioeinrichtung abhängen, sind sie das Resultat von Augenblicksinspiration und Klangfantasie der Beteiligten. Auf das rechte, belebende Maß reduziert, bilden solche Gags Teil der musikalischen Substanz selbst; übertrieben und ohne Rücksicht auf die zugrunde liegende Musik jedoch zerstören sie die Aufnahme insgesamt. Für letzteres bietet die LP *Ceremony* der britischen Gruppe Spooky Tooth ein Beispiel: die Aufzeichnung der Musik wurde von dem französischen Elektroniker Pierre Henry, ohne Wissen der Rockgruppe, bis zur Unkenntlichkeit bearbeitet.

Die getrennt aufgenommenen Spuren samt den späteren Korrekturen werden auf dem Urtonband („master tape") vereinigt, auf dem bereits auch die Verteilung der Stereo-Kanalbereiche vollzogen ist. Dieses Urtonband bildet den Prototyp für die Schallplattenaufzeichnung, und es wird auch bei eventuellen Nach- und Neupressungen berücksichtigt. Von der zunächst hergestellten Aufnahmeplatte wird eine sogenannte Vater-Platte, die negativ ist, verfertigt, indem die Oberfläche der Urplatte mit einer elektrisch leitenden Schicht, im zweiten Verfahren mit einem Kupferbezug auf galvanischem Weg versehen wird. Von dieser Platte wird erneut die Positiv-Platte, die sogenannte Mutter-Platte, abgezogen, um die Urplatte zu schonen. Erst eine nochmals hergestellte Negativ-Platte, die sogenannte Sohn-Platte, wird zum Pressen der in den Handel gelangenden Platten verwendet.

Man unterscheidet zwischen Mono- und Stereoplatten, die Quadroplatten haben bisher nicht den durchschlagenden Erfolg erzielen können, den sich die Industrie von ihnen erhofft hat; verträglich („compatible") nennt man jene Stereoplatten, die auch mono abspielbar sind. Noch Ende der sechziger Jahre wurden von vielen Rockplatten gleichzeitig Mono- und Stereofassungen zum Verkauf angeboten, doch ist heute Stereophonie allein die Regel.

2. Werbung

Die im Studio aufgezeichnete und auf Platten gepreßte Musik ist für die Plattenindustrie eine Ware, die es zu vermarkten gilt. Der weltweite Plattenmarkt ist unter nordamerikanischen, englischen, deutschen und holländischen Giganten aufgeteilt, und kleinere Firmen können sich eher mit besonderen, für Minderheiten bestimmten Erzeugnissen behaupten. Die wichtigsten Unternehmen der Plattenindustrie, nach umsatzbedingter Größe wie nach künstlerischer Qualität, sind:

USA	Columbia (außerhalb der USA: CBS)
	RCA-Victor
	Warner Brothers (außerhalb der USA: WEA)
	Capitol (kontrolliert durch EMI, England)
	ABC
	MCA (ehemals Decca American)

England	EMI (mit ca. 25 % Beteiligung die größte Schallplattenfirma der Welt)
	Decca
	Pye
	United Artists
	Virgin
BRD	Ariola-Eurodisc (Teil von Bertelsmann)
	Polydor (ein Label der DGG)
	TELDEC „Telefunken-Decca"
	Metronome
	Bellaphon
	Electrola (kontrolliert von EMI)
	Sky
	Schneeball
Holland	Philips (gemeinsames Unternehmen mit der deutschen DGG unter dem Namen Polygram)

Solche Aufzählungen erscheinen angesichts der internationalen Verflechtung von Firmen problematisch. Wie bemerkt, ist Capitol in den USA eigentlich ein Ableger von EMI, und Polydor sowie Philips operieren im Ausland zwar unter verschiedenen Labels, doch mit gemeinschaftlichem Konzept. Hinzu kommt, daß eine Firma mehrere Labels besitzen kann, die eine zweifelsfreie Zuordnung weiter erschweren, z.B. operieren oder operierten EMI auch unter dem Label Harvest, Columbia, Odeon, Starline und Music For Pleasure, Philips auch unter dem Label Fontana, Phonogram und Vertigo, Decca auch unter dem Label Deram, Warner auch unter dem Label Elektra, Atlantic, Asylum usw.[24]

24 Eine ausführlichere (auch geschichtliche) Darstellung dieser und weiterer Plattenfirmen s. bei Tibor Kneif: Sachlexikon Rockmusik, 1978 (rororo 6223).

Vielleicht in keinem anderen Bereich der Kulturindustrie wird deutlicher als auf dem Gebiet der Rockmusik sichtbar, daß Kunst zugleich eine Ware ist, die sich in dieser ihrer Wareneigenschaft von anderen Marktartikeln in nichts unterscheidet. Während etwa europäische Musikverlage mit historischem Hintergrund wie Breitkopf & Härtel oder B. Schott's Söhne sich weit diskreter, ja wohltuend großzügiger Geschäftsformen bedienen, besitzen Schallplattenfirmen nicht solchen geschichtlichen, auf persönlicher Kultur beruhenden Hintergrund ihrer Geldgeber und ihrer Manager (die meisten heute führenden Plattenfirmen entstanden in den dreißiger und vierziger Jahren); diese sind in der Regel Selfmade-Men mit harten Erfahrungen im Konkurrenzkampf und bekunden ihre wirtschaftlichen Interessen dementsprechend unbefangener, robuster als dies in den Branchen der Literatur, der bildenden Künste und der traditionellen Musik üblich ist. Nur das Filmgeschäft läßt sich ähnlich auf das nüchterne Geldbestreben reduzieren, denn Kapitalinvestition hat auch hier den unverschleierten Zweck, Gewinn zu bringen. Persönliche Freundschaften, wie sie Verleger und Schriftsteller nicht selten verbinden, gibt es im Rockbereich kaum, schon wegen des Altersunterschiedes zwischen Firmenvorstand und Rockmusiker. Vielmehr wird der Rockmusiker als ein Leistungslieferant eingesetzt, der zwar am Gewinn beteiligt ist, aber den größten Gewinn der Plattenfirma überläßt. Dem Gerechtigkeitssinn mag dies wie eine Übervorteilung erscheinen, und viele Musiker empfinden diese Art der Gewinnverteilung tatsächlich als empörend. Doch erweisen sich andere Formen der Vermarktung erfahrungsgemäß als wenig effektiv, und der gelegentlich praktizierte Eigenvertrieb der Platten durch Musiker selbst leidet darunter, daß keine Werbung in großem Umfang gemacht und über kein Vertriebsnetz verfügt wird. Der volle Gewinn aus dem Verkauf ist weit niedriger als der „ungerechte" kleine Anteil am Gewinn einer großen Firma.

Sieht der Rockmusiker seine Abhängigkeit von Plattenfirma und Management ein, findet er sich im kalkulierten Eigeninteresse damit sogar ab, so überläßt er sein Produkt, das fertig bespielte Tonband, seinem Schicksal, das er nicht mehr zu lenken vermag, da die vertragliche Regelung Pressung, Werbung und Verkauf zur Pflicht der Plattenfirma macht. In exzeptionellen Fällen kann die Firma daran interessiert sein, das hergestellte Produkt gar nicht zu verkaufen bzw. die ausgelieferten Platten wieder einzuziehen, um sie einstampfen zu lassen. Ein solcher Fall ereignete sich 1977 zwischen der britischen Punkgruppe The Sexpistols und ihrer Plattenfirma EMI, als der Gruppe wegen Erregung öffentlichen Ärgernisses gekündigt und der Verkauf der ersten Single „Anarchy In The U.K." gestoppt wurde. Im Normalfall jedoch werden so viele Plattenexemplare hergestellt und nachgepreßt, daß die Nachfrage befriedigt wird.

Es ist dabei nicht rockspezifisch, daß die zu verkaufende Ware angepriesen, d.h. für sie geworben wird.Die wichtigsten Formen der Plattenwerbung sind folgende:

– Inserate in Zeitschriften mit markanten Werbeslogans, Abbildungen der Musiker oder der Plattenhülle, Ankündigung in Funk und Fernsehen.
– Auch die Plattenhülle erfüllt Werbungsfunktion, neben der sie freilich auch künstlerische Ansprüche befriedigen kann.

Das Cover bildet den wichtigsten optischen Anreiz zum Plattenkauf, und seine Gestaltung wird daher mit äußerster Sorgfalt verfolgt. Bald werden namhafte Künstler wie Andy Warhol und Roger Dean mit dem Entwurf beauftragt, bald übernehmen renommierte Design-Büros wie Hipgnosis in London die Ausstattung, bald fällt einem Photographen die Aufgabe zu, den Blick des Betrachters durch ein auffallendes Werbebild zu fesseln. Die Covergestaltung ist mittlerweile zu einer entwickelten Gebrauchskunst geworden, deren Geste – wie die verschiedener Plakate von Zigarettenfirmen – unterschiedliche Typen des sinnlichen Ansprechens verkörpern kann (Harmonie menschlicher Beziehungen, Absurdität der Welt, Sex usw.).[25] Zur Covergestaltung im weiteren Sinn gehört auch die sprachliche Information über die Musik wie über die Musiker auf der Rück- oder Innenseite der Plattenhülle, besonders in Gestalt des Plattenkommentars („liner notes"), dessen Funktion es ist, die Gruppe, deren musikalische Richtung, den künstlerischen Stellenwert für die Rockmusik usw. zu beschreiben; in Wirklichkeit fallen die meisten Kommentare auf Rockplatten-Hüllen nichtssagend, fade oder gar irreführend aus, und ein Vergleich mit den anspruchsvollen Liner notes vieler Jazzplatten bezeugt den vorerst niedrigen Stand vieler Rockkommentare.

– An alle größeren Zeitungen und Zeitschriften allgemeiner Art, an Rockblätter und an Rundfunkanstalten werden Rezensionsexemplare verschickt, um eine schnelle Besprechung zu ermöglichen. Da von einer Bestechung wohl kein Gebrauch gemacht wird (der sogenannte Payo-

---

25 Walter Herdeg (Hg.): Record Covers (Graphis, Zürich 1974); Album Cover Album (Dragon's World, New York 1977); Schallplattenhüllen. Funktion und Bildwelten (Neuer Berliner Kunstverein 1978); Galerie 70: Plattencover. Beiträge zur gesellschaftlichen Funktion von Rock-Musik am Beispiel ihrer Verpackung (Berlin West 1977).

la-Skandal in den USA am Ende der fünfziger Jahre ergab sich durch ein krasses, sehr atypisches Abgleiten in den unlauteren Wettbewerb), wird der Rezensent seine persönliche, womöglich sehr kritische Meinung zu der Neuerscheinung äußern. Dies mag für die Firmenwerbung ein gewisses Risiko im Einzelfall mit sich bringen, das jedoch im Hinblick auf die Werbewirksamkeit jeder Rezension, auch der ablehnenden, insgesamt nicht ins Gewicht fällt.

– Wie schon erwähnt, dienen die meisten Rockkonzerte ebenfalls dazu, den Verkauf einer Platte zu fördern. Auf die Neuerscheinung weisen die Konzertankündigungen regelmäßig hin, und die Beziehung von Konzert und Platte wird in jüngster Zeit durch die Praxis noch enger, daß das Konzert kaum mehr als eine Live-Wiederholung des Materials der neuesten bis vorletzten Schallplatte bringt; meistens dienen die Zugaben dazu, noch ältere zugkräftige Stücke in Erinnerung zu rufen bzw. erst zu veröffentlichende Kompositionen vorzustellen. Eine Tournee kann ferner ausdrücklich unter dem Slogan stehen, das den Titel der betreffenden neuen Platte bildet.

Wie immer, wenn für eine Ware mit massiven Mitteln geworben wird, taucht auch im Rockbereich die Frage auf, ob Werbeversprechen und Warenqualität übereinstimmen oder ob zwischen den beiden eine Diskrepanz besteht. Eine einheitliche Antwort auf diese Frage fällt schwer, und dies schon wegen der Gegensätzlichkeit der Urteile über Rockmusik unter den Käufern (vgl. den VII. Abschnitt über ästhetische Wertung). Außer der bekannten Relativität ästhetischer Urteile ist deren täglich zu beobachtendes Auseinanderfallen weiter durch den Umstand bedingt, daß das Rockpublikum aus mehreren Altersstufen von zehn bis dreißig Jahren besteht, deren unterschiedliches Interesse bald am Rockmusiker, bald an der sexuellen Ausstrahlung, bald an der ethischen Aussage des Textes, bald an der musikalischen Gestaltung das jeweils vorherrschende Motiv der Wertung bilden dürfte. Da Geschmacksurteile in Rockkreisen zumeist in den Kürzeln „gut" und „schlecht" (samt deren drastischen Varianten) gefällt werden, bleibt das wahre Motiv des Urteils, da es begrifflich nicht ausgeführt wird, vielfach im Dunkeln, und es können hinter der lakonischen Stellungnahme die genannten Gesichtspunkte und noch weitere wie motorisches Abreagieren, spieltechnische Virtuosität, Image des Musikers usw. verborgen sein. So wird es immer Käufer geben, die das von der Werbung ausgedrückte Versprechen nicht für übertrieben halten. Selbst der Umstand, daß solche Zufriedengestellten eventuell die Minderheit bilden, kann der Werbung nicht zum Vorwurf gemacht werden.

Aufschlußreicher als die Frage nach „Wahrheit" der Werbung erscheint daher jene nach den Mitteln der Werbung. Das im Rockbereich bestehende, für gewisse Firmen der Vergangenheit sogar typische Auseinanderklaffen zwischen Mitteln der Werbung und Mitteln der musikalischen Gestaltung läßt sich von Fall zu Fall in ebenso vielen „musikalischen Warenanalysen" aufdecken. Hierfür seien zwei Beispiele genannt.

a) USA-Platte, ca. 1969, das Label ist nach einem alten indischen Liebeslehrbuch benannt. Auf dem Cover sind drei Gipsbüsten in der Art altgriechischer Götterdarstellungen abgebildet. Sie sind dekorativ verteilt, die Gesichter schauen in verschiedene Richtungen. Der optische Gag besteht darin, daß um die Büsten Lederjacken herumgehängt sind, die auf der Rückseite jeweils einen gemalten Engel und den Bandnamen The Innocence tragen. Dem Hüllentext kann nicht entnommen werden, welche Musiker die Gruppe bilden; jedenfalls scheinen nicht, wie die Göttergestalten es andeuten, drei, sondern zwei Musiker mitgewirkt zu haben. Dazu heißt es: „The Innocence album was produced by two multi-talented young guys . . . who write, sing, play and produce their own songs." Die Firma wird in Eigendarstellung so charakterisiert: „. . . is the record company that caters to and expresses the feelings of the young mind of today. It builds a rapport with young artists and encourages them to develop their own unique styles . . .". Während die Covergestaltung in surrealistischer Manier noch originell, ja witzig genannt werden kann, lähmt die Musik durch Gleichförmigkeit und Einfallsarmut. Darüber sucht sich der Begleittext hinwegzureden, etwa in der Art: „*Mairzy Doats* is a readymade classic. Mere words reduced to mere sounds regrouped into new mere words which are somehow more poetically evocative than the originals. Here The Innocence speaks with somebody else's speech composed of just a pile of word play. Just playful as a silly kids' song, it has been allowed to crystallize into a monument to non-serious word play. And now, after John Lennon's great books have validated just this type of ‚game'. The Innocence has come to resurrect *Mairzy Doats* and give Rock an addition so perfect for Rock and so long inevitable. And *There's Got To Be A Word* . . . is even more than this. Groping for new words which mean more than words which already mean a whole bunch! Wow!"

b) USA-Platte, 1966. Um aus der Popularität der Beatles ein Kapital zu schlagen, wurde in Los Angeles eine Gruppe von vier jungen Männern nach einer Annonce zusammengestellt. Sie wurden zu Zwecken von Fernsehauftritten auf Beatles-Ähnlichkeit dressiert, doch konnten sie anfänglich kein Instrument spielen, und auch die von fremden Musikern gespielte Musik stammt nicht von ihnen. Sie hießen The Monkees, und diese Selbstironie – und das Zugeständnis dessen, daß hier eine Nachäffung vorlag – war auf ein allgemeines Wohlwollen denen gegenüber berechnet, die sich nicht ganz wichtig nehmen. Dies verbarg geschickt, wie ernst der berechnende Produzent seinerseits seine Sache nahm. Die erste amerikanische LP der Beatles von 1964 hieß *Meet The Beatles*, und auf der Rückseite des Covers des entsprechend ersten Albums der Los Angeles-Gruppe heißt es:

Meet The Monkees

Foto	Foto	Foto	Foto
David Jones	Mike Nesmith	Peter Tork	Micky Dolenz
Birthplace: Manchester, England	Birthplace: Dallas, Texas	Birthplace: Washington, D.C.	Birthplace: Los Angelos, California
Heigh . . . 5'3"	6'1"	5'11'	6'
Hair . . . Brown	Brown	Brown	Brown
Eyes . . . Brown	Brown	Brown	Brown
Plays guitar and sings	Plays guitar and sings	Play guitar and sings	Plays drums and sings

Watch for The Monkees in color every Monday night on the NBC-TV network, 7:30 p.m. (EDT).

A Raybert Screen GEMS TV production, produced by Bert Schneider and Robert Rafelson.

Write to The Monkees
c/o Screen Gems
1334 North Beechwood Drive
Hollywood, California 90028

Auf der linken Seite zeigt ein Filmstreifen von fünf Bildern die vier „Musiker" in verschiedenen Posen, wie sie um die gleiche Zeit von den Beatles verbreitet waren.

Die zuletzt beschriebene Werbung enthält einige Merkmale dessen, was „Hype" genannt wird, Strategien einer verselbständigten Marktausbeutung: Anlehnung an ein erfolgreiches Vorbild; Behandlung von vier unbekannten Oberschülern, als wären selbst ihre Körpergröße und ihre Haarfarbe von unermeßlicher Wichtigkeit; Hinweis auf die Fernsehserie mit der Gruppe; Werbung für einen Fan-Club. Im Gegensatz zu dem suggerierten Kult um angebliche Stars ist die Musik seichter Pop für Zwölf- bis Sechzehnjährige, und daß sie unwichtig ist, verrät sich darin, daß der Komponist nicht einmal genannt wird. Dieses Schweigen soll freilich den Glauben schüren, die vier Jugendlichen schrieben die Musik selbst. Das Raffinierte in der Mischung von Witz und Wichtigtuerei besteht darin, daß die Werbung suggeriert, es handele sich um eine Gruppe von der Originalität und Beliebtheit der Beatles, zugleich jedoch den Produzenten mit dem jederzeit möglichen Hinweis absichert, der humoristische Nachahmungscharakter sei doch für jeden Einsichtigen von vornherein klar gewesen.

3. Vertrieb

Schallplatten müssen vertrieben, d.h. über ein Verteilungssystem an den Käufer gebracht werden. Die Rockgeschichte lehrt, daß intelligente Unternehmer mit Spürsinn für musikalische Qualität es immer wieder versucht haben, eigene Labels zu gründen und auf sich gestellt am Leben zu erhalten. Doch lehrt die Erfahrung zugleich, daß solche Labels nur selten zu Rande kommen, auch wenn – oder weil – sie künstlerische Gesichtspunkte in den Vordergrund stellen (solche Labels waren u.a. Douglas, Marmalade, Dandelion, Immediate, Middle Earth und Together). Es fehlte ihnen das Vertriebsnetz, durch welches die Produkte schnell und reibungslos in die Plattenläden gelangen. Anders gesagt, es ist leichter, ein Label zu gründen und vorzügliche Platten herzustellen als eine Nachfrage durch Werbung zu beleben und die Platten entsprechend der Nachfrage dem Konsumenten zugänglich zu machen; letzteres ist nur mit Hilfe einer schon bestehenden Vertriebsorganisation möglich. Das Ziel jeder etablierten Plattenfirma ist es, die Abnahme der neuesten Plattenprodukte gleichsam zu automatisieren, indem sich möglichst viele Plattengeschäfte zu günstigen Bedingungen verpflichten, eine bestimmte Anzahl von Exemplaren ohne jedesmalige Bestellung zu übernehmen (Sortiment). So entsteht die für den Rock typische Form des Unternehmergewinns, der Gewinn durch Addierung von Pfennigen. Die gesamte Rockbranche funktioniert nach dem Prinzip „Die Menge macht's", nicht etwa danach, ausgewählte Einzelobjekte mit einem beträchtlichen Profit zu verkaufen, wie dies z.B. für die Grundstückspekulation charakteristisch ist.

Labels, deren Produktion nicht umfangreich ist oder deren Sitz sich im Ausland befindet, pflegen eine andere Firma zu beauftragen, ihre Platten zu vertreiben. Dann übernimmt diese Firma, die bereits über eine ausgebaute Verteilung verfügt, die Auslieferung der fremden Plattenprodukte und erhält dafür einen prozentualen Anteil am Gewinn. Bei der bundesdeutschen Firma Ariola-Eurodisc in München, die dem Bertelsmann-Unternehmen gehört, läßt sich ein Sonderfall beobachten, insofern die Vertriebsorganisation weit wichtiger ist als die Eigenproduktion (die erst in den letzten Jahren an Bedeutung gewinnt). Die genannten Vertriebsvereinbarungen sind dabei befristet, und es gehört zu den Eigentümlichkeiten des Rockbetriebs, daß die plattenherstellende Firma ihre Vertriebspartner recht oft wechselt. Daß dieser Umstand für die Durchsichtigkeit der „Szene" nicht förderlich ist, läßt sich leicht einsehen.[26]

Eine abgewandelte, weiter ausgebaute Form des Vertriebes stellt die Lizenzierung dar. Während beim Vertrieb die fertigen Plattenprodukte einer Firma vom Verteiler übernommen werden, stellt im Falle der Lizenznahme der Vertreiber die Platten – aufgrund des zugesandten Meisterbandes – selber her, konfektioniert sie und bringt sie an die Läden weiter. Ein einfaches Beispiel mag das verdeutlichen. Ariola besorgt in der BRD den Vertrieb der Platten des Londoner Labels Virgin. Wird auf der Rückseite der Plattenhülle nur Virgin mit der Original-Herstellungsnummer angegeben, so handelt es sich um Vertrieb allein. Wird jedoch Ariola mit einer eigenen Bestellnummer kenntlich gemacht, so liegt eine Lizenznahme vor, und das Produkt wird dann „deutsche Pressung" genannt. Die Lizenznahme entsteht durch eine verkaufspolitische Entscheidung: besteht Aussicht auf einen nennenswerten Marktabsatz, so wird Lizenzierung angestrebt, weil sie dann wirtschaftlich vorteilhafter ist als der bloße Vertrieb. Andernfalls bleibt es beim Vertrieb.

---

26 Die jeweiligen Vertriebsverhältnisse gehen aus einer jährlich neu erscheinenden Sonderbeilage der Zeitschrift Der Musikmarkt hervor (Josef Keller Verlag, Postfach 1440, 8130 Starnberg).

VI. Geschichte der Rockmusik

Datiert man die Geschichte der Rockmusik seit Mitte der fünfziger Jahre, so stellt sich Rock als die jüngste Sonderabzweigung inmitten der musikalischen Aktivitäten des Menschen dar; selbst die elektronische Musik entstand einige Jahre früher. Trotz seines jungen Alters wuchs Rock bis heute schon zu einem weltweit verbreiteten Musikidiom. Er wurde zu einem sensiblen Ausdruck von gesellschaftlichen Umwälzungen während der letzten fünfundzwanzig Jahre, zur Widerspiegelung auch von politischen Ereignissen und kriegerischen Auseinandersetzungen. Dies bezieht sich nicht nur auf die bürgerlichen Länder, sondern auch auf die sich sozialistisch nennenden Staaten, in denen zwar Rock staatlich kontrolliert und beschnitten wird, die jedoch die Orientierung der Jugendlichen am angelsächsischen Rock dennoch mehr oder minder dulden; wie das Rockleben in der DDR und vor allem in Ungarn zeigt, entsteht in diesen Staaten daneben auch ein einheimischer, eigenständiger Rock mit der jeweiligen Landessprache. Ebenso existiert Rockmusik lokaler Prägung in Afrika, Australien und Südamerika, und die Japaner sind dabei, westliche Einflüsse auch in diesem Bereich intelligent und eigenschöpferisch zu verarbeiten. Die mit Rock beschäftigte Industrie stellt das gesamte bisherige Musikwesen im Hinblick auf Kapitalsummen, die investiert und bewegt werden, in den Schatten.

Es ist realistisch, zu erkennen, daß die Geschichte der Rockmusik weit weniger eigenen Gesetzen folgt als die Bildungsmusik. Eine kompositionstechnische Entwicklung mag in Europa seit Jahrhunderten zu einer nachvollziehbaren Logik geführt haben, die bei Theodor W. Adorno als „Tendenz des musikalischen Materials" sogar fetischisiert werden konnte. Die Rockmusik zeigt sich weit anfälliger für Einflüsse von außen, ja ihre bisherige Geschichte könnte ohne Übertreibung als eine Funktion der Geschichte der Kapitalbewegung interpretiert werden. Das Kapital seinerseits ist geschmeidig, und es nimmt Rücksicht auf aktuelle Ereignisse, auf amtliche Normen und ideologische Anschauungen, so daß Rock über diese Vermittlung mit der jeweiligen Lage einer Gesellschaft engstens verzahnt ist. Die falsche Annahme, auch Rockstücke bildeten Lösungen von immanenten kompositorischen Problemen, verleitet leicht dazu, die eigene Enttäuschung darüber, daß dies nicht so ist, in dem Verdikt zusammenzufassen, Rock sei Trivialmusik, mit der sich zu befassen nicht lohne und sich allenfalls als ein Mittel erzieherischer List entschuldige. Nicht als ein in sich geschlossenes Werk, wohl aber als ein reflektierender Teil einer zeitgeschichtlichen, ideologischen, wirtschaftlichen und freilich auch auf die aktuelle Rockmusik verweisenden Struktur, kann ein Rockstück sehr wohl einen komplexen Gegenstand für die Beschreibung abgeben. Es kann sogar (um einen Ausdruck hier nochmals zu verwenden[27]) in dieser musiküberschreitenden Struktur

27 Vgl. den historisch-analytischen Kommentar von Tibor Kneif zu der drei LPs enthaltenden Kassette *Opus Musicum: Rockmusik* (Arno Volk Verlag, Köln 1979).

komplizierter beschaffen sein als die kunstvollste Partitur der seriellen Musik. Seine adäquate Beschreibung verlangt daher die Mittel mehrerer Disziplinen, darunter der Zeitgeschichte, der Jugendpsychologie, der Wirtschaftswissenschaft und nicht zuletzt der Musikkunde. Eine derart umfassende, mehrere Sozialbereiche beleuchtende Geschichte der Rockmusik existiert einstweilen noch nicht, und ihr Entwurf würde die Zusammenarbeit mehrerer Fachkollegen erfordern.

Der nachstehende Überblick ist darin einseitig, daß er hauptsächlich den spezifisch musikalischen Aspekt, statt auch die genannten weiteren Gesichtspunkte, zur Geltung bringt. Im Hinblick auf den vor allem musikalisch interessierten Leser erscheint solche Einseitigkeit so lange unverfänglich, solange er vor Augen hält, daß der musikalische Aspekt nur einen unter mehreren, mindestens gleich wichtigen bildet.

Auch die Geschichte der Rockmusik ist vielschichtig und voller Anachronismen, ihre Entwicklungszüge sind selten abgeschlossen. In ihr ziehen sich vergangene Strömungen bald unbemerkt, bald in Gestalt von Renaissancen, den sogenannten Revivals, weiter. Dies macht von vornherein deutlich, warum Zäsuren und Abgrenzungen künstlich sein müssen, wiewohl nicht gewaltsam zu sein brauchen. Mit dieser Einschränkung, die sich in jeder Geschichtsschreibung von selbst versteht, unterscheiden sich im Rockbereich vier Epochen voneinander, wobei sich von der Entwicklung, die um 1976–77 begann, vorsichtig erwarten läßt, daß sie einen fünften Zeitabschnitt einleiten könnte. Es ist eine Binsenwahrheit für den Historiker, daß nach zehn bis zwanzig Jahren das Geschichtsbild andere Akzente erhält und anders unterteilt wird; doch nimmt diese unaufhörliche perspektivische

Verschiebung keinem aktuellen Schreiber das Recht (und die Pflicht), das Geschichtsbewußtsein seiner eigenen Zeit zu artikulieren. Heute stellt sich die Rockgeschichte in folgendem Diagramm dar:

	Einflüsse:
1. Rock'n'Roll (1954/56–1960/62)	Rhythm & Blues, Country & Western; weiße Unterhaltungsmusik
2. Folk, Twist, Surf, High School (1960/62–1964/65)	Volkslieder, geglätteter Rhythm & Blues, weißer Pop; Rock'n'Roll, Country & Western
3. British Beat (1963–1969)	Rock'n'Roll, Merseybeat, Studiotechnik; Blues, Music Hall-Tradition
4. Jazzrock, Countryrock, Hardrock, nationale Idiome (1969/70–1975/76)	Jazz, Country & Western, Blues; freie Improvisation, elektronische Musik
5. Punk, New Wave (1976/77 – ?)	Rock'n'Roll, Beat, Music Hall, Disco-Sound

Der bald folgenden ausführlicheren Darstellung möge ein stichwortartiger Überblick an den Anfang gestellt werden.

1. Die erste Periode, die Frühzeit der Rockmusik, heißt Rock'n'Roll, eine sich aus mehreren stilistischen Quellen speisende Musik, die eine „Vulgarisierung", positiv ausgedrückt eine Demokratisierung des amerikanischen Musiklebens nach sich zog und besonders die bis dahin getrennt existierenden Sonderbereiche Rhythm & Blues, Country & Western und weißer Schlager einander nahebrachte. Die herausragenden Interpreten der Zeit waren Bill Haley, Chuck Berry, Little Richard, Elvis Presley und Jerry Lee Lewis. Durch einige Rückschläge bedingt, geriet der spontan aufbrausende Rock'n'Roll am Ende des Jahrzehnts erneut unter die Kontrolle der etablierten Platten-, Rundfunk- und Fernsehbranche, die

Textaussage wurde durchweg geglättet, und der einst widerborstige Klang nahm immer mehr Züge der Schlagergattung in sich auf. Diese versüßte, verschnulzte Gattung reicht in die beginnenden sechziger Jahre hinein und umfaßt noch die Konfektionsstücke des Produzenten Phil Spector, der aus dem wilden Rock'n'Roll bombastische, nachhallgesättigte Pseudo-Symphonien ohne textliche Spitzen machte.

2. Die Jahre nach 1962 in den USA zeigen ein Bild der Auflösung und des Überganges. Zum einen entsteht der musikalische Ausdruck der Folk- und Protestbewegung bei Pete Seeger, Joan Baez und Bob Dylan, zum anderen klingt der einstige Rock'n'Roll in Richtungen nach, die auf weiße Jugendliche zugeschnitten waren und in ihren Themen bald Tanz, Surf und Motarradfahren, bald Probleme aus dem Schulbereich zur Geltung brachten. Die schwarze Bevölkerung hört eine mit Rhythm & Blues aufgefrischte, auch aufnahmetechnisch modernisierte Gospelmusik, die sich um die Jahrzehntmitte als Soul in manchen bemerkenswerten Klangdokumenten niederschlägt. Die Grenzen dieses Zeitabschnitts lassen sich mit 1960/62 bzw. mit 1964/65 angeben.

3. die einflußreiche, weltweit verbreitete Stilrichtung der folgenden Jahre ist Beat, eine Adaptation des ehemaligen Rock'n'Roll für weiße Schüler, Studenten, Lehrlinge und Intellektuelle zunächst in England und Europa, dann auch in den USA. Statt Schnulzen werden musikalisch fortschrittliche Züge oder bewußt archaisierende Stilmittel mit der Rock'n'Roll-Tradition verknüpft. Den Inbegriff des so verstandenen Beat verkörpern die Beatles sowie die gleichzeitigen Liverpooler Gruppen sowie deren spätere Nachahmer. Die meisten Londoner Gruppen dagegen spielten um 1960/64 Blues oder Rhythms &

Blues, wie John Mayall's Bluesbreakers und die Rolling Stones. Faßt man die europäische Wirkungsgeschichte ins Auge, so dauerte die Beat-Periode von 1963 bis 1969, kulminierte in der hysterischen „Beatlemania" und leitete die „britische Invasion" in den Vereinigten Staaten ein, beeinflußte hier auch genuin musikantische Formationen wie The Beau Brummels ebenso wie unzählige unbedeutende Schülergruppen, führte jedoch bei anderen Bands wie Byrds, Jefferson Airplane und Grateful Dead in Kalifornien auch zu einer Neubesinnung, indem auf das Folksong-Gut der beginnenden sechziger Jahre zurückgegriffen wurde. Der Beat-Abschnitt seinerseits ist vielfach unterteilbar. Die wichtigste Zäsur liegt um 1967, und die letzten drei Jahre 1967–69 bringen eine fessellose, künstlerisch faszinierende Experimentierlust der Musiker hervor, vor allem der Beatles selbst und der Mothers Of Invention aus Los Angeles. In den USA wie auch in England treten einige kurzlebige Gruppen auf, die mit elektronischer Klangverfremdung, mit Instrumenten des Symphonieorchesters und mit einem erweiterten Tonmaterial arbeiten.

4. Die vielschichtigen Experimente der vorangehenden Jahre münden um 1970 in einige wenige, dafür aber breitere Strömungen, die sich als stilistische Synthesen erkennen lassen. Von diesen rückt der Jazzrock in den Mittelpunkt des Interesses, eine freilich schon um 1966–67 sich anbahnende Stilmischung, die erst mit dem Engagement bekannter Jazzmusiker wie Miles Davis, McCoy Tyner, Herbie Hancock und John McLaughlin in der öffentlichen Geltung zu steigen begann. Weitere Strömungen bilden Country-Rock und Hardrock, das heißt die Kombinierung von Rock und Country bzw. eine auf Lautstärke, durchgehendem, gleichförmigem Schlag und

verzerrtem Klang beruhende Musik. Inmitten dieser Veränderungen treten nun die bis dahin wenig eigenschöpferischen nichtangelsächsischen Länder auf den Plan und verhelfen einem holländischen, skandinavischen, deutschen, französischen und italienischen Rock zur Entstehung.

5. Um die Mitte der siebziger Jahre werden die neuen Trends in den USA, ab 1976 wieder in Großbritannien gesetzt, indem in ihnen sich ein zunächst betont lärmender, doch bald auch musikalisch ergiebiger Punk durchzusetzen beginnt. Vom Punk befruchtet, aber von diesem in den weltanschaulichen, spieltechnischen und musikalischen Voraussetzungen verschieden ist jene Richtung, die mit einem vorerst wenig sagenden Wort „New Wave" genannt wird und welche in manchen Zügen an den frühen Beat, aber auch an die psychedelische Welle um 1967 anknüpft.

1. Abschnitt: Rock'n Roll' (1954/56 – 1960/62)

Rock'n'Roll ist die „klassische" oder „goldene" Zeit der Rockmusik. Sie ist mit dem Namen einiger Stars verknüpft, die als Komponisten, vor allem aber als Gesangsinterpreten wirkten und von ihren Plattenfirmen und Managern zu Idolen für viele Millionen Jugendlicher aufgebaut wurden.

Bei der Frage nach dem „Beginn" des Rock'n'Roll wird der schon betonte Umstand deutlich, daß bei der Beurteilung von Rock musikalische Kriterien allein nicht weit führen. Um diese These hier zu belegen, sei zunächst der Typus eines Rock'n'Roll-Stückes an einem Beispiel beschrieben. Der Refrain-Teil von Chuck Berrys „Carol" (1958) lautet im Klaviersatz folgendermaßen:

Refrain
C7
Oh, CAR-Ol, Don't let him steal your heart a-way,
G
I'm

D7
gonna learn to dance if it takes me all night and day.
1. 2.
G
Segue to Verse
3.
G
Fine

Verse
G
1. Come in to my ma-chine, so we can
2. Well, if you wan-na hear some mu - sic like the
cruise on out, — I know a
boys are play - in', - Hold -

Der Refrain entspricht dem zwölftaktigen Bluesverlauf, für den die bekannte Akkordfolge charakteristisch ist.

Tonika (4 Takte)
Subdominante (2 Takte),
Tonika (2 Takte),
Dominante (2 Takte) und
Tonika (2 Takte).

Da der Blues als eine poetische Gattung aus Strophen mit jeweils drei Zeilen besteht, wobei die zweite Zeile meistens eine Wiederholung der ersten darstellt, erscheint die folgende Strukturbeschreibung angemessener:

1. Viertaktzeile: Tonika (4 T),
2. Viertaktzeile : Subdominante (2 T) – Tonika (2 T),
3. Viertaktzeile: Dominante (2 T) – Tonika (2 T).

Der mitgeteilte Refrain von Chuck Berrys „Carol" zeigt die Besonderheit, daß der Text erst beim fünften Takt (bei der zweiten Viertaktzeile) in der Subdominante einsetzt, während die ersten vier Takte als ein rein instrumentales Vorspiel konzipiert sind. Das im Stück verwendete Ton- und Skalenmaterial weist einige Eigentümlichkeiten der Blues-Intonation auf: der Terzwechsel von Dur und Moll (b^1 und h^1) sowie der Wechsel zwischen großer und kleiner Septime (fis^1 und f^2) lassen sich trotz des vereinfachenden Klaviersatzes beobachten. Der Bluesablauf wird dabei, als ein feststehender Block, in das Ganze integriert, denn der Vers beruht ebenfalls auf dem

Bluesmodell. Dem vorangestellten Refrain folgt zweimal das Paar Vers – Refrain, so daß sich die Gesamtform in dem Schema R / V - R / V - R gliedern läßt. Der hier gewählte strophische Aufbau mit der Zweiteilung der Strophe in Vers und Refrain sowie die musikalische Gestaltung sowohl des Verses wie auch des Refrains mit Hilfe des Bluesablaufs stellen den am meisten verbreiteten Rock'n'Roll-Typus dar. Dieser Typus nun ist mit Formen und Gattungen eng verknüpft, die schon vor der Mitte der fünfziger Jahre bekannt waren. Daß der Blues selbst ins 19. Jahrhundert zurückreicht und über den Country Blues sowie den bereits weitgehend standardisierten City Blues die Anfänge des Jazz befruchtete, ist ebenso bekannt wie die Tatsache, daß der Boogie Woogie, modische Klavierspielweise der dreißiger und vierziger Jahre, gleichfalls den zwölftaktigen Blues für sich nutzbar macht; auch der Shuffle stellt, bei aller rhythmischen Eigenart

eine Variante des Bluesmodells dar. All solche Abwandlungen des Blues, sofern sie als gesungene Blues auftraten, wurden in den Vereinigten Staaten bis Mitte der fünfziger Jahre „race music" genannt, und die entsprechenden Schallplatten hießen „race records", bevor Billboard, die geschäftlich orientierte große Musikzeitung in New York, diese Sparte als „Rhythm & Blues" oder abgekürzt als „R & B" zu bezeichnen begann. Der R & B-Produktion wandten sich kleinere Firmen zu, in New York vor allem Atlantic, an der Westküste etwa Modern und Specialty.

Zwischen Rhythm & Blues und Rock'n'Roll kann man um 1955–58 nicht eindeutig unterscheiden. Charakteristisch, daß Chuck Berry selbst, der schöpferischste Musiker dieser Richtung, seine Stücke bald Rhythm & Blues, bald Rock'n'Roll nannte.[28] Will man in statistischer Hinsicht dennoch eine Trennung zwischen beiden vollziehen, so läßt sich dies an zwei Punkten machen:

– Die Texte von R & B stammen von Schwarzen und wenden sich an Schwarze. Dieser Umstand bedingt zugleich ihre Themen, etwa das Gefühl, zu einer nichtgeachteten Minderheit zu gehören, die „Blues"-Stimmung, die sexuellen, in verschlüsselten Wendungen vorgebrachten Bezüge usw. Demgegenüber richten sich die Rock'n' Roll-Texte in der Hauptsache an weiße Jugendliche und sprechen ihre Ansichten aus (Tanzen, Schule, Gunst der Eltern, eine korrekte Beziehung der Geschlechter, auch Herumalbern usw.). Wie die Songs von Chuck Berry und Little Richard es beweisen, können solche Ansichten unter dem Druck der Marktverhältnisse auch von Schwarzen formuliert werden.

– Als die Regel treten im R & B auch Klavier und Bläser auf, insgesamt wird diese Gattung von erfahrenen, spieltechnisch versierten Musikern interpretiert. Im Rock'n'Roll dagegen werden Klavier wie Bläser (Saxophon) immer mehr verdrängt, die dominierenden Instrumente sind Gitarre und Schlagzeug. Rock'n'Roll stellt geringere Ansprüche an den Instrumentalisten, im Mittelpunkt steht der Starsänger, der das Publikum auch durch außermusikalische Mittel zu fesseln trachtet, etwa durch ein sexuell gemeintes Beckenkreisen (Elvis Presley) und

---

28 Vgl. Chuck Berry Anthology (Jewel Music, London und ARC Music, New York o.J.), S. 52, 56, 65, 68).

durch einen komisch wirkenden „Entengang" auf der Bühne (Chuck Berry), auch durch ein aufs Klavier gelegtes Bein im Stehspiel (Little Richard, Jerry Lee Lewis) u.a.m. Diese Unterschiede zwischen Rhythm & Blues und Rock'n'Roll sind jedoch in musikalischer Hinsicht nicht essentiell, so daß weiter gefragt werden muß, mit welcher Berechtigung man das Aufkommen der neuen Gattung um 1954–55 ansetzt.

Der Schlüssel zum Problem ist nicht in musikalischen Kriterien, sondern in einer Besonderheit des nordamerikanischen Musikgeschäftes um die genannte Zeit, allgemein gesagt in der amerikanischen Ehrfurcht vor Quantität, gegeben. Die großen Musikzeitschriften wie Cashbox und das erwähnte Billboard enthielten (und enthalten in modifizierter Form auch heute) wöchentliche Listen der meistverkauften Schallplatten, und zwar nach den Hauptsparten Popular Music, Country & Western und Rhythm & Blues. Die ursprüngliche Bedeutung von Popular Music wird hier deutlich: eine Musik, die sich der größten Verbreitung erfreut. Da die populärsten, d.h. von der weißen Mehrheit am meisten gekauften Musikstücke dem sentimentalen Geschmack des amerikanischen Durchschnittsbürgers entsprechen, wurde „Popular Music" im Laufe der Zeit gleichbedeutend mit süßlichem, streicher- und bläsergesättigtem Schlager („Pop" im qualitativen Sinn).

Im Jahre 1954 geschah etwas, was von den am Musikgeschäft Beteiligten als etwas Unerhörtes und Revolutionierendes empfunden wurde. Musikstücke, die in der Spezialsparte „Rhythm & Blues" verzeichnet waren, erlangten nationale Popularität in den USA und wurden auch von weißen Rundfunksendern gespielt, so daß sie in die Pop-Charts gelangten. Zwei Stücke waren es besonders, die die ehemalige Grenze von Popular Music und Special Fields überschritten haben. „Gee" der Formation The Crows (Rama, März 1954) und „Sh-Boom" von The Chords (Atlantic/Cat, Juni 1954), doch stieß bereits „Crying In The Chapel" der Orioles (Jubilee) im Juli des vorhergehenden Jahres in die Hitlisten vor.

Diese zwei bzw. drei Stücke werden in der amerikanischen Journalistik als die Anfänge des Rock'n'Roll betrachtet.[29] Doch sind sie Pioniere lediglich in dem besagten Sinn, daß sie trotz ihrer Zugehörigkeit zur R & B-Sparte zu nationweiten Hits wurden; sonst zeigt keines der drei Stücke Merkmale einer schwarzen Musik, sie bilden vielmehr weißen Pop in Text wie in Musik. Zeilen wie „Life could be a dream if I could take you up in paradise above" („Sh-Boom") kamen der von Weißen beherrschten Illusionsindustrie entgegen und hatten mit der harten Wirklichkeitsnähe der R & B-Texte nichts gemein. Sie wurden zwar von schwarzen Vokalgruppen vorgetragen, aber sie enthalten keine Eigenschaften schwarzer Musik (Bluesmodell, Blue notes, Off-Beat und Off-Pitch-Intonation). Im Auftreten waren die Gruppen The Orioles, The Crows und The Chords bemüht, „seriös" und für Weiße akzeptabel zu sein, wie solches Bestreben auch die anderen gleichzeitigen und späteren, aus schwarzen Mitgliedern bestehenden Vokalgruppen The Drifters, The Cadillacs, The Silhouettes, The Coasters u.a. kennzeichnet. Aufschlußreich sind die Posen, mit denen diese Gruppen in Filmen und Pressefotos präsentiert wurden. Joviales Lächeln, eine verbindliche, einladende Handbewegung und tadellose Smoking-Anzüge mit korrekten

29 Carl Belz: The Story Of Rock (Harper Colophon Books 1969, 2. Aufl. 1973, S. 25 f.) und Arnold Shaw: The Rockin' '50s (Hawthorn Books, New York 1974, S. 77).

Krawatten sollten um das Vertrauen des weißen Konsumenten werben. Das so zurechtgemachte Image entsprach den dargebotenen Schnulzen vollkommen.[30] Die Musik der Texte war so makellos weiß, daß sie von Weißen ohne weiteres aufgegriffen werden konnte. Die Zweitauflage von „Sh-Boom" in der Interpretation des weißen Quartetts The Crew Cuts wurde gleich im Juni 1954 noch erfolgreicher als das Original, und in diesem Mißverhältnis lag sogar eine gewisse Logik (über die sogenannten Cover-Versionen vgl. bald unten).

Die rockjournalistische These, Rock'n'Roll habe mit den genannten Stücken angefangen, beruht also auf einem zweifachen Fehlschluß, nämlich daß schwarze Musiker schon deshalb Rhythm & Blues bzw. Rock'n'Roll hervorbringen, weil sie schwarz sind, ferner daß eine plötzliche Änderung in den Verkaufsziffern ausreicht, um eine neue musikalische Gattung, den Rock'n'Roll, entstehen zu lassen.

Statt das Erscheinen des Rock'n'Roll auf einige Einzelstücke zurückzuführen, erscheint es einleuchtender, das Neue im pragmatischen Bereich zu suchen. Obgleich Rhythm & Blues im Rock wesentlich fortlebte, wurde letzterer durch die Aufnahme von Zügen aus Country & Western, ebenso aus Popular Music bereichert, doch so, daß dabei weder Country noch sentimentaler Pop, sondern eine eigentümliche Stilmischung entstand, die zwar ein hybrider R & B, auch ein hybrider Country und ein hybrider Pop, jedoch ein echter Rock'n'Roll genannt

30 Siehe die entsprechenden Fotos in Norm N. Nite: Rock On. The Illustrated Encyclopedia of Rock'n 'Roll (New York 1974).
Vgl. Hans Bruns: Das Image des Rockmusikers (in: Musik und Bildung, Juni 1978, S. 443 f.).

werden kann. Dieser Amalgamierungsvorgang vollzog sich gleichzeitig in mehreren Territorien der USA mit den Schwerpunkten in den Südstaaten, in Chicago und in geringerem Maße in New York. Die Publikumsadressaten waren, bei allen ausgeprägten, ja – wie im wiedergegebenen Stück „Carol" von Chuck Berry – dominierenden Merkmalen aus Rhythm & Blues, weiße Jugendliche in Stadt und Land, die die neuen Klänge mit den widerborstigen, ganz und gar nicht dem Geschmack der Eltern angepaßten Texten aufgriffen und sie zu Symbolen eines Generationskonfliktes machten. Diese Funktion gehört ebenfalls zu den Merkmalen von Rock'n'Roll: er ist keine Gettomusik mehr, sondern eine herausfordernde, bewußt lärmende Klangwelt, die Identifikation unter den Jugendlichen bewirkt – eine Musik, in der die weißen Jugendlichen ihre Gemeinsamkeit erkennen.

Das zwitterhafte Wesen von Rock'n'Roll tritt in einem Stück wie Bill Haleys „Rock Around The Clock" exemplarisch zutage. Die vier Anfangstakte in Tonika münden mit Hilfe einer kleinen Septime, also dominantisch, in den fünften Takt (intendiert ist eine zweite Blues-Viertaktzeile), der jedoch statt die zu erwartende Subdominante erneut die Tonika bringt, die zwischen Moll und Dur hin und her schwankt (nachgeahmt werden soll freilich im 5.–6. Takt die bluesgerechte Subdominante mit hinzugefügter kleiner Septime). Der Schluß beruht auf der Kadenz aller weißen Musik Subdominante-Dominante-Tonika (für den Blues ist eher D – S – T charakteristisch). Im Text wird das aktuelle Ereignis, nämlich das Tanzen zu der Rock'n 'Roll-Musik, selber zum Thema erhoben.

Haleys „Rock Around The Clock" erschien als Single bereits 1954, doch wurde es erst 1955 durch den Film

The Blackboard Jungle weltbekannt und mit Rock'n'Roll schlechthin gleichgesetzt. In diesem Film, der in den amerikanischen und europäischen Kinos jugendlichen Aufruhr und Verwüstungen verursachte, erhielt Haleys Musikstück einen neuen Stellenwert, indem Rockmusik als ein Symbol der Ungebundenheit und der Auflehnung verstanden wurde. Die hierauf folgenden Musikfilme, in denen eine konventionelle Handlung den Vorwand dazu lieferte, daß Rock'n'Roll-Musiker auf der Bühne auftreten konnten, verunklarten den einmal gewonnenen Stellenwert wieder, so auch der Film Rock Around The Clock von 1956, in dem Bill Haley and The Comets, The Platters, Freddie Bell and His Bellboys u.a. auftraten und in welchem der Discjockey Alan Freed, eifriger Verfechter des neuen Ausdruckes „Rock'n'Roll", ebenfalls szenisch mitwirkte.

Eine der wichtigsten Geburtsstätten der neuen Musik war Memphis, Tennessee, speziell der Memphis Recording Service und das 1952 gegründete Sun-Label von Sam C. Phillips. Während die ersten Aufnahmen von einigen Lokaltalenten der Stadt und der weiteren Umgebung eingespielt wurden, hielt Phillips von 1954 an nach weissen Sängern Ausschau, die rhythmisch straff geführte, beschwingte Bluesstücke mit Country-Einschlag vortragen konnten. Zur akustischen Rhythmusgitarre und zum Kontrabaß gesellten sich eine elektrisch verstärkte Leadgitarre und später ein die schwachen Zeiten, d.h. das zweite und vierte Viertel betonende Schlagzeug (mit dem sogenannten Afterbeat) hinzu. So nahm jene Musik Gestalt an, die Rockabilly oder Country-Boogie genannt wurde, bevor der Begriff Rock'n'Roll sich allgemein verbreitete – eine stilistische Mischung von schwarzem Blues und weißem Country,[31] die in Ansätzen freilich schon früher, etwa bei den Country-Sängern Jimmy Rodgers und Hank Williams, ausgeprägt ist.

In dem Wort Rockabilly schlägt sich das musikalische Programm nieder, das von Phillips nachträglich so formuliert wurde: Elvis Presley „sings negro rhythms with a white voice, which borrows in mood and emphasis from the country style, modified by popular music. It's a blend of all of them."[32] Von diesem Stil sagte auch der Musiker Carl Perkins: „All we did was take country music and give it a coloured beat."[33] Die künstlerische Laufbahn einiger Rock'n'Roll-Stars begann bei Sun, so von Elvis Presley und Carl Perkins selbst, sodann von Roy Orbison, Jerry Lee Lewis und natürlich von Johnny Cash, sofern auch er zu den Vertretern der Rockmusik, nicht nur der Country, gezählt wird.[34]

Das Chess-Label in Chicago bildete ein weiteres Sammelbecken für die Rockabilly- bzw. Rock'n 'Roll-Musiker. Die führende Plattenfirma auf dem Gebiet des Blues

---

31 Ein anderer Name für Rockabilly war Cat Music, ein Ausdruck, nach dem ein Unterlabel von Atlantic Records benannt wurde.

32 Colin Escott & Martin Hawkins: Catalyst. The Sun Records Story (London 1975, S. 9).

33 Ebenda S. 48. Mike Jahn erblickt das Merkmal der Sun-Produkte hierin: „Like many later Memphis rockers, Presley combined C & W with blues; while elsewhere, Haley and others were combining C & W with Rhythm & Blues – thus the distinctive, Sun/Memphis rock, now called rockabilly, crisper, lighter, and simpler than the C & W/R & B fusion." (Mike Jahn: Rock. From Elvis Presley To The Rolling Stones. Quadrangle. New York 1973). Diese Unterscheidung, so bestechend klar sie ist, dürfte in den meisten praktischen Fällen sich kaum so eindeutig vollziehen.

34 Das Sun-Material ist auf bislang dreizehn LPs zugänglich, vgl. die unten im Schallplatten-Verzeichnis angegebene Serie.

brachte sowohl Aufzeichnungen heraus, die in anderen Studios (etwa bei Sun) gemacht wurden, wie sie auch selber die lokalen Blues-, Rhythm & Blues- und Rock'n' Roll-Musiker unterstützte, unter ihnen Chuck Berry und Bo Diddley. Ein besonderes Gewicht kommt auch dem damals kleinen Label Atlantic in New York zu.[35] Die 1947 gegründete Firma brachte z.B. 1954 das Stück „Shake, Rattle And Roll" von dem Schwarzen Joe Turner heraus, das bald darauf von Bill Haley mit weit größerem kommerziellen Erfolg aufgegriffen wurde.

An diesen sogenannten Cover-Versionen läßt sich der Übergang vom Rhythm & Blues zum Rock'n'Roll besonders gut beobachten. In der Regel wurde der Text geglättet und von seinen „Anzüglichkeiten" befreit, das Arrangement verlieh der Musik einen professionellen Glanz, und die Off-Beat-Phrasierung wurde vielfach zugunsten des einfacheren, an der europäischen Musik ausgerichteten Vortrags verdrängt. Solche Cover-Versionen waren übrigens nicht unrechtmäßig, sondern beruhten auf der eingeholten Erlaubnis des Musikverlages, bei dem das Stück registriert war (die zwei großen Verwertungsgesellschaften musikalischer Rechte in den USA sind die American Society of Composers, Authors and Publishers ASCAP und die Broadcast Music Incorporated BMI) und der an der Verbreitung des Musikstückes, d.h. an der Vermehrung der Tantiemen interessiert war und einer gleichzeitigen oder sukzessiven Verwendung des Songs durch mehrere Sänger gern zustimmte. Dieses Verfahren entsprach der seit altersher bewährten Praxis der Tin Pan Alley und hieß im Fachjargon „to copyright". Ein zweites Beispiel für Covering stellt „Work With Me, Annie" von

35 Charlie Gillett: Making Tracks. Atlantic Records and the Growth of a Multi-Billion-Dollar Industry (New York 1974).

Hank Ballard And The Midnighters (Federal, 1954) mit den für Schwarze ganz unverfänglichen, für Weiße hingegen anstößigen Zeilen dar:

„Work with me, Annie,
Let's get it while the gitting is good ...
Annie, please don't cheat,
Give me all my meat."

Dieser Text war für den Rock'n'Roll, also für eine hauptsächlich von Weißen konsumierte Gattung, unannehmbar. Es wurde eine Cover-Version herausgebracht, und Georgia Gibbs sang (auf Mercury, 1955):

„Dance with me, Henry,
Let's dance while the music rolls on."[36]

Wie Rockmusiker zu Stars, zu Idolen von vielen Millionen Jugendlicher „aufgebaut" wurden, veranschaulicht die kometenhafte Karriere von Elvis Presley, geboren in Tupelo, Mississippi, im Jahr 1935, gestorben 1977. Aus ärmlichen Verhältnissen stammend, wuchs Presley in den „white trash"-Slums und in der Nähe von Neger-Distrikten auf, wo er Country-Lieder wie auch die Blues-Intonation früh kennenlernte. Mit einer guten Stimme begabt, fing er 1954 bei Sun in Memphis an, Singles aufzunehmen, die beispielhaft für Rockabilly sind („That's All Right, Mama", „Good Rockin' Tonight" u.a.).[37] Ende 1955, als die mächtige Plattenfirma RCA Elvis von Sun übernahm, besaß der Sänger in den Südstaaten bereits den Ruf, ein Bühnenakteur zu sein, der mit heißen Rhythmen und ordinären Körperbewegungen (dem berühmten Beckenkreisen) Massenhysterie unter den Ju-

---

36 Charlie Gillett: The Sound of the City (London 1971, S. 24 ff.).

37 *Elvis – The Sun Collection,* 1975 (D: RCA).

gendlichen erzeugen kann. RCA und Presleys Manager Colonel Thomas Parker erreichten bis 1957–58, daß Elvis Presley als der bekannteste, in der Presse umstrittenste Rocksänger in den USA, ja der westlichen Welt galt. Überwogen noch bis 1960 genuine Rockstücke in seinem Repertoire, so machte sich in seinen Auftritten nach seiner Entlassung aus der Armee immer mehr weißer Pop geltend. In den späteren sechziger Jahren verwendete er zumeist Schnulzen als Gesangsmaterial, trat in zahlreichen Filmen mit schwacher Handlung auf und isolierte sich zunehmend von seinem einstigen Publikum. Doch verraten einige vom Fernsehen festgehaltene Konzerte in Las Vegas und anderswo, daß Presley sehr wohl imstande gewesen wäre, das alte Feuer der Rock'n'Roll-Tage erneut zu entfachen, hätten ihm RCA und der Colonel mehr individuelle Freiheit gegeben und ihn mit besserem Songmaterial versorgt. Elvis, charakterlich labil und jede offene Selbstbehauptung scheuend, starb mit zweiundvierzig Jahren angeblich an Herzversagen.[38]

Wenn der einst energiegeladene Südstaatenjunge Elvis Presley immer zahmer und in seiner Songauswahl immer süßlicher wurde, so lag das nicht allein an Plattenfirma und Management. Die Veränderung trug dem herrschenden Geschmack der amerikanischen weißen Bevölkerung Rechnung. Elvis wurde vom Establishment erst seit seiner Armee-Zeit eigentlich akzeptiert. Darin, daß er sich in der Armee vorbildlich verhielt, patriotische Interview-Aussagen machte und in seinen Plattenaufnah-

---

38 Mike E. Rodger: Elvis Presley. Eine Biographie (Reinbek 1978); Michael Preute und Renate Guldner: Elvis Presley. Mit zahlreichen Fotos sowie vollständiger Disco- und Filmographie (München 1977). Vgl. auch Riebe's Fachblatt Music Magazin, Oktober 1978, S. 73 ff.

men dem wilden Rock'n'Roll unmerklich aber folgerichtig den Rücken kehrte, erblickte die amerikanische Öffentlichkeit Reue über die Exzesse und Entgleisungen der fünfziger Jahre. Elvis, so hat es sich herausgestellt, war doch der nette, höfliche Junge, der – nunmehr reif und einsichtig geworden – zum Entertainer auch der älteren Generation aufstieg.

Die jeweils ältere Generation, die weitaus breiteste und finanzkräftigste Käuferschicht, bestimmte auch diesmal die Strategie der Plattenfirma. In den USA müssen Revolutionen, wie der Rock'n'Roll eine war, notwendig von vorübergehender Dauer und ohne bleibende Resultate sein, denn sie können die übermächtige, an der Ideologie und am Geschmack der Middle class ausgerichtete Industrie nicht erschüttern. Verstand man schon in den hektischen Jahren 1955–58 unter Rock'n'Roll nicht nur die geballte, provozierende Lautstärke von Stücken wie Little Richards „Tutti Frutti", sondern auch die geglätteten Vokalharmonien, wie sie im verwässerten Gospelstil von schwarzen Gruppen wie The Drifters vorgetragen wurden, so blieb um 1960–62 vom Rock'n'Roll kaum etwas mehr als der Name übrig. Einstiger Pop eroberte wieder seinen Platz, allerdings nahm er einige synkopierte Rhythmen, mit Vorliebe aus südamerikanischen Tänzen, in sich auf, wurde mit Afterbeat versehen und um einige zu Flachheiten gewordene Merkmale der Bluesintonation (Dur-Moll-Wechsel, Leittonlosigkeit usw.) bereichert. Wie ein zwölftaktiges Gerüst als mechanisch übernommenes Blues-Merkmal mit Schlagerwendungen angefüllt werden kann, zeigen bereits einige frühere Stücke Presleys, so etwa „Teddy Bear" von 1957. Aber an einem Beispiel wie „Stuck On You", das im März 1960 veröffentlicht wurde, tritt die spätere Tendenz zur Verpoppung der Rockmusik besonders deutlich zutage.

Textdichter wie Komponist des Stückes sind Weiße. Die Terz des Grundtones F wird schon im viertaktigen Vorspiel unbestimmt gelassen, denn sie wechselt von Moll zu Dur, und darin wird Blues-Intonation angestrebt. Auch der zwölftaktige Umfang des Refrains zeigt den Blues-Einfluß; der Vers seinerseits besteht aus acht Takten und lehnt sich somit an die Periodengliederung der europäisch-traditionellen Musik an. Einige typisch „weisse" Wendungen verraten weiter, daß es sich um eine Verwässerung von Rhythm & Blues handelt, etwa der Oktavsprung zu Beginn des vierten Taktes („you'll never shake me") sowie die beiden Pausen vor und nach „Stick because I'm . . ." in Takt 10 des Gesangparts:

F
ap-ple tree. Shake-a shake-a, sug-ar, but you'll
long black hair. Squeeze you tight-er than a
nev-er shake me. Uh-uh-uh.
griz- -zly bear. Uh-huh-huh.
B♭7
B♭7
No-sir-ee, uh-uh.
Yes-sir-ee, uh-huh.
F

Die Stücke, die Elvis Presley sang, waren nicht besser und nicht schlechter als viele andere, mit denen Rock'n' Roll-Stars auftraten. Zu ihnen gehörte Little Richard, der 1959 verunglückte Texaner Buddy Holly, ganz besonders aber Chuck Berry, der nicht nur ein packender Bühnenkünstler war, sondern auch viele burschikose, die ganze Nation ansprechende Stücke komponierte („Roll Over, Beethoven", „Maybelline", „Sweet Little Sixteen", „Brown Eyed Handsome Man", „No Particular Place To

Go").[39] Seine schwarze Hautfarbe und ein persönliches Mißgeschick, das ihn ins Gefängnis brachte, verhinderten, daß er der alle überragende Rock'n'Roller geworden ist. In seiner Bedeutung als Musiker stellt er alle Zeitgenossen, auch Elvis Presley, in den Schatten. Zu weiteren „Klassikern" dieser Frühzeit zählen Jerry Lee Lewis, Eddie Cochran, Roy Orbison und vielleicht noch Gene Pitney, obwohl letztere bereits in die sechziger Jahre führen.

Obwohl sich die Produktionstätigkeit von Phil Spector schon in der zweiten Periode der Rockmusik entfaltete, nahm er seine Maßstäbe, trotz aller Verwässerungs- und Versüßungstendenz, noch vom Rock'n'Roll, dessen letztes Aufbäumen in der Agonie sich im Werk Spectors darstellt. Zunächst bei den beiden Songwritern Jerry Leiber und Mike Stoller tätig, machte sich der junge Produzent bald selbständig, indem er das Philles-Label gründete. Vornehmlich mit drei farbigen Girl-Gruppen – den Crystals, den Ronettes und Bob B. Soxx And The Blue Jeans – erzielte Spector einige Millionenhits, und er traf mit den Stücken den Geschmack weißer Teen-Mädchen in ganz Amerika. An Rock'n'Roll erinnern Spectors Schlager nur noch durch ihren bombastischen Nachhall und durch den Afterbeat, die musikalische Geste ist dagegen ganz der Schlagertradition von Tin Pan Alley verpflichtet. Die sorgfältige Aufnahmetechnik und der präsente Klang können nicht darüber hinwegtäuschen, daß sich unter dem dick aufgetragenen Streicher- und Bläsersound dürftige musikalische Einfälle verbergen. (Spector erlangte um 1970 als der Produzent zweier Ex-Beatles erneutes öffentliches Interesse für kurze Zeit. Gegenwärtig

39 Chuck Berry Anthology a.a.O.

ist er vor allem damit beschäftigt, seine 1962–65 herausgebrachten Aufnahmen in einer Art Selbstdokumentation wieder auf den Markt zu bringen.)

Schallplatten. 1. Rockabilly. *Capitol Rockabilly Originals*, um 1978 (GB: EMI); *CBS Rockabilly Classics* Vol. 1, 1977 (GB: CBS); *Rockabilly Rules – OK?*, 1978 (GB: Charly); *Chess Rockabillies*, 1978 (GB: Chess/Phonogram); *Imperial Rockabillies*, 1978 (GB: United Artists); *Ohio Rockabilly*, um 1978 (USA: Hamilton); *Rare Rockabilly* Vol. I–III *From the Archives of US Decca Records*, 1978 (D: MCA/Metronome); *Sun Rockabillys* Vol. 1–3, um 1978 (D: Bellaphon). – 2. Rock'n' Roll, Sammelplatten. *The First Authentic 1950's Rock & Roll Collection*, 4 LP, 1974 (USA: Juke Box); *Cotton Pickin' Rock*, 1978 (GB: ABC/Anchor); *Rock Begins* Vol. 1–2, 1970 (USA: Atlantic); *Rock Begins* Vol. I: 1949–1956, 2 LP, um 1975 (D: Warner/Midi); *Rock and Roll At The Capitol Tower* Vol. 1–3, jeweils 2 LP, 1975–78 (F: Capitol); *Rock'n'Roll Instrumental* Vol. 1–2, um 1978 (USA: Guitar); *Roulette Rock'n'Roll Collection*, um 1978 (GB: Pye); *Sun – The Roots of Rock*, bisher 13 LP, um 1976 ff. (GB: Charly). – 3. Einzelmusiker. Hank Ballard And The Midnighters: *20 Hits*, 1977 (USA; King/Federal); LaVern Baker: *Her Greatest Recordings*, 1971 (USA: Atlantic); Harry Belafonte: *Golden Records*, o.J. (D: RCA Club-Sonderauflage); *The Best of Chuck Berry*, 2 LP, um 1975 (D: Chess/Bellaphon); *The Very Best of Eddie Cochran*, 1970 (D: Liberty/United Artists); The Dominoes: *21 Hits*, um 1977 (USA: King/Federal); The Drifters: *24 Original Hits*, 2 LP, 1975 (D: WEA); Fats Domino: *Fantastic Fats*, o.J. (D: Electrola); *The Legends of Rock – Bill Haley and The Comets*, 2 LP, o.J. (D: Teldec); Dale Hawkins: –, 1976 (USA: Chess); *The Complete Buddy Holly Story*, 9 LP, 1973 (D: MCA/Teldec); Buddy Knox: *Party Doll*, um 1977 (GB: Pye); Jerry Lee Lewis: *Breathless*, 2 LP, o.J. (USA: Pickwick); *Little Richard Cast A Long Shadow*, 2 LP, 1971 (NL: CBS/Epic); Little Willie John: *15 Hits*, um 1977 (USA: King/Federal); Carl Perkins: *Blue Suede Shoes*, 1969 (GB: Sun/Philips); *Elvis – 100 Super Rocks*, 7 LP, 1977 (D: RCA); *The Best Of Otis Redding*, 2 LP, 1972 (D: Atlantic); Smiley Lewis: *I Hear You Knocking*, 1978 (GB: United Artists).

Literatur. Lillian Roxon: Rock Encyclopedia (New York 1969); Phil Hardy & Dave Laing (Hg.): The Encyclopedia of Rock. Volume 1. The Age of Rock'n'Roll (Panther Books 1976); Norm N. Nite: Rock On. The Illustrated Encyclopedia of Rock' n'Roll. The Solid Gold Years (New York 1974); Nik Cohn: A WopBopaLooBopaLopBamBoom. Pop From The Beginning (Frogmore, St Albans 1970); Bill Millar: The Drifters. The Rise and Fall of the Black Vocal Group (London 1971); Charlie Gillett: The Sound of the City (London 1971); Ders.: Making Tracks, Atlantic Records and the Growth of a Multi-Billion-Dollar Industry (New York 1974); Mike E. Rodger: Elvis Presley. Eine Biographie (Reinbek 1978); Arnold Shaw: The Rockin' '50s (New York 1974; deutsch Rock'n'Roll. Die Stars, die Musik und die Mythen der 50er Jahre, Reinbek 1978); Dave Laing: Buddy Holly (London 1971); Colin Escott & Martin Hawkins: Catalyst. The Sun Records Story (London 1975).

2. Abschnitt: Folk, Twist, Surf, High School (1960/62 – 65)

Arbeitete Phil Spector noch mit farbigen Sängerinnen zusammen, so folgt nunmehr erneut eine Ära, in der fast ausschließlich Weiße den Geschmacksstandard bestimmen. Insofern läßt sich die einsetzende Folkbewegung sogar als eine Reaktion auf die vorangehenden Rhythm & Blues-Jahre begreifen.

Das mit einer akustischen Gitarre begleitete Sololied, das dem Volkslied nachempfunden war, erlebte zu Beginn der sechziger Jahre eine intensive Wiederbelebung unter Amerikas Intellektuellen. Den geschichtlichen Hintergrund dieser Renaissance bildete die Bürgerrechts- und Antikriegs-Bewegung, die von der Kennedy-Administration bestätigende Impulse erhielt. Die Protestmärsche wie die Aktionen zur Durchsetzung der Bürgerrechte der Schwarzen waren von kommentierenden Liedern und Gitarrenklängen begleitet. Das „Zurück zu den ursprünglichen Idealen der USA" verband sich eng mit einer Hinwendung zum Volkslied und zu Einfachheit. Während der Adressat des Rock'n'Roll eine namenlose großstädtische Masse war, wurde von den Folk- und Protestsängern das Gewissen und die Vernunft des einzelnen angesprochen. Insofern entsprach die akustische Gitarre als Begleitinstrument nicht nur der Volkslied-Tradition, sondern auch dem ethischen, den einzelnen Menschen aufklärenden Grundzug der Folksongs. Die junge Bewegung, die nicht in den ländlichen Bezirken, sondern – nur scheinbar paradox – ausgerechnet in den Folk-Lokalen von Greenwich Village im südlichen New York ihre Geburtsstätte hat, konnte sich dabei auf eine angesehene Tradition berufen. Woody Guthrie (1912–1967) war es vor allem, der das aktuelle Mißstände anprangernde, politisch engagierte volksmäßige Lied mit sparsamer Gitarrenbegleitung zu einer eigenen Dichtungsform machte und mit ihm schon in den dreißiger und vierziger Jahren im Land herumziehend gegen die dunklen Seiten der industriellen Entwicklung wie Ausbeutung, Arbeitslosigkeit und geistige Gängelung Partei bezog.[40] Mit Woody Guthrie arbeitete zeitweilig auch Pete Seeger (geboren 1919) zusammen, ein am authentischen Volkslied auch archivalisch interessierter Mann, dessen Studien über die Volksliedbestände der Washingtoner Library of Congress, wie auch diejenigen von Alan Lomax, in musikethnologischen Kreisen bekannt sind. Seeger gründete 1949 die Folkgruppe The Weavers, wurde während der McCarthy-Ära und auch noch nachher von Rundfunk und Fernsehen boykottiert und war an der Protestbewegung der sechziger Jahre, auf deren Fahne das Lied „We shall overcome" geschrieben war, maßgeblich beteiligt.

Sich an die in Folkkreisen unumstrittene Autorität von Woody Guthrie und Pete Seeger anlehnend, traten

---

40 Woody Guthrie: Folk Songs. A Collection of Songs by America's Foremost Balladeer (London 1963/1973).

zu Beginn der sechziger Jahre – vor allem im jährlichen Newport Folk Festival – besonders zwei Sänger als Weiterführer der Folk-Tradition hervor: Joan Baez und Bob Dylan. Letzterem (eigentlich Robert Zimmerman) gelang es, eine große Anhängerschaft um sich zu sammeln und sich fortschreitend als der theoretisch bewußteste, doch von weltanschaulichen Dogmen unabhängige Führer der progressiven amerikanischen Jugend zu profilieren. Wie die anderen Protestsänger, war auch Dylan in erster Linie ein Poet, während seine Musik, zunächst eine bloße Begleitfunktion der Texte, sich im konventionellen Rahmen hielt („Blowin' In The Wind", „A Hard Rain's Gonna Fall", „Masters Of War"). Erst als er anfing, mit anderen Musikern gleichzeitig aufzutreten, bekamen seine Kompositionen mehr künstlerisches Eigengewicht. Die erste Gruppe, in deren Begleitung Dylan 1965 von der akustischen zur elektrisch verstärkten Gitarre überwechselte und damit erhebliche Verwirrung unter seinen puristischen Anhängern in Newport verursachte, war die Paul Butterfield Blues Band. In der Folgezeit wurde Dylan von der kanadisch-amerikanischen Bluesrock-Formation The Band begleitet, um später, in den siebziger Jahren, sich Einzelkünstler für Studioaufnahmen auszuwählen oder in ad hoc-Gruppierungen auf der Bühne aufzutreten. In den sechziger Jahren war Dylan wohl der einflußreichste Rocksänger in den USA, und sein Massenappell stand demjenigen der Beatles nicht nach. In dem Maße, als er sich von aktuellen politischen Themen entfernte und sich allgemeineren dichterischen Aufgaben zuwandte (begonnen hatte dieser Prozeß schon 1964 mit dem Album *Another Side of Bob Dylan),* wurde seine Sprache immer abstrakter, die Botschaft seiner Texte immer rätselhafter. Wie so viele Rockkünstler, zehrt Dylan heute von dem einstigen Ruhm seiner Lieder. Zwar wartet auch heute noch jene neue LP mit kleinen Überraschungen auf, aber die einstige ehrliche Oppositionshaltung wird von dem massenpsychologisch klugen Geschäftskalkül verdrängt. Der politisch draufgängerische Impuls Dylans wirkte zeitweilig in einem anderen Folksänger, Phil Ochs, weiter. Ochs neigte indes zu Übertreibungen und unnötigen Provokationen der Öffentlichkeit, die ihn zunehmend isolierten; zum Beispiel erhielt er ein Verbot, im amerikanischen Fernsehen zu erscheinen. Seine schließliche Vereinsamung verleitete ihn 1976 zum Selbstmord. Unter den weiteren Folksängern ist Judy Collins mit ihren lyrischen, melodiös konzipierten Liedern zu nennen.

Während ein Teil der amerikanischen Jugend den sozialkritischen Folk- und Protestgesängen zuhörte und die ersten Erfahrungen im Zusammenstoß mit den kommerziell ausgerichteten Massenmedien wie mit den konservativen Staatsorganen machte, begeisterte sich ein anderer Teil für einen neuen Tanz. Er hieß Twist und wurde im Fernsehen sowie in Tanzhallen von dem Farbigen Chubby Checker (eigentlich Ernest Evans) und von seiner New Yorker Plattenfirma Cameo-Parkway Records propagiert. Die Tanzpaare vollzogen fantasievolle Einzelaktionen, ohne sich anzufassen. Der 1960 „erfundene" Twist hielt sich zwei bis drei Jahre und befruchtete auch die Rockliteratur um zahlreiche Stücke, darunter „The Twist" (ein Song, mit dem Hank Ballard And The Midnighters 1958 einen Bestseller auf den R & B-Listen erzielen konnten) und „Let's Twist Again". Nach der Twist-Mode trat Checker mit einem weiteren, karibisch beeinflußten Modetanz genannt Limbo hervor, ohne seine frühere Popularität halten zu können.

Eine interessante Übergangserscheinung stellte um 1960–62 eine Musik dar, die heute als Surf Music bekannt ist. Rock'n'Roll wurde von den unzähligen lokalen Gruppen nicht nur mit Text gesungen, sondern auch rein instrumental vorgetragen, besonders wenn die Gruppe über keinen eigenen Vokalisten verfügte oder wenn niemand in der Band die Übung besaß, gleichzeitig zu spielen und zu singen. Solcher textlose Rock'n'Roll entwickelte sich auch im südkalifornischen Bereich und im San Joaquin Valley am Pazifik, wo aus Surfing, dem waghalsigen Wellenreiten über einem Brett, eine territorial bedingte Mode wurde. Der Gitarrenklang der Surf Music wurde um 1960 von Dick Dale kreiert. Die Voraussetzungen bildeten eine Fender Stratocaster-Gitarre, eine Staccato-Spielweise sowie Tremolo- und Nachhalleffekte mit Hilfe des Gitarrenverstärkers. Das Auf und Ab der begleitenden Akkorde sollte naturschildernd die Bewegung der Wasserwellen nachahmen. Zahlreiche unbekannte Lokalgruppen begannen, ihre nach dem Surf-Sound konzipierten Musikstücke auf den obskuren Plattenlabels der nahen und fernen Umgebung herauszubringen.

Neben Dick Dale's Musikern konnten sich besonders The Surfaris, The Astronauts und The Challengers als Surfgruppen einer breiteren Öffentlichkeit einprägen. Doch erst die frühen Beach Boys machten Surf zum nationalen Thema Nr. 1 um 1962, indem sie nicht nur Surf Music spielten, sondern dieser nunmehr auch Texte unterlegten, in denen die sommerlichen Freuden von Surfing, ergänzt durch Schülerspäße und Flirt, eigens gepriesen wurden. Solch direkte Bezugnahme auf das Wellenreiten in den Texten ist ein Merkmal späterer Surf-Musik, und im entsprechenden Repertoire der Beach Boys nehmen schon die Songtitel Bezug auf dieses Thema („Surfin' Safari", „Surfin' U.S.A." von Chuck Berry, „Noble Surfer", „Surfer Girl", „Catch A Wave" u.a.m.). Eine weitere dem Surf verschriebene Gruppe waren Jan & Dean, die das Beach-Thema bis in die ausgehenden sechziger Jahre hinein vertraten. Im Gegensatz jedoch zu den dynamischen Beach Boys, die nach Abflauen der Surf-Mode eine neue Mode, nämlich das wilde Fahren in Autos und auf schweren Motorrädern zu Liedthemen machten („Shut Down", „Little Deuce Coupe", „Custom Machine" u.a.) und später auch in rein musikalischer Hinsicht beträchtliche Fortschritte machen konnten, blieb der stilistische Bereich des Duos Jan & Dean eng begrenzt.

Es entspricht der Versöhnlichkeit des auslaufenden Rock'n'Roll gegenüber dem Establishment, daß manche seiner Texte eine devote, autoritätsgläubige Haltung zur Schule einnehmen. Ursprünglicher Rock'n'Roll ist betont schulfeindlich. Er wurde aus Radio oder von Schallplatte gehört, und es wurde nach ihm getanzt, wenn der Jugendliche die Schule schwänzte oder die lästigen Schulaufgaben hinter sich brachte. „School's Out", dieser Plattentitel von Alice Cooper aus dem Jahr 1972, bildet das Motto jedes wirklichen Rock'n 'Rollers, und Chuck Berrys „School Day" beschreibt den Gegensatz zwischen einem Schulvormittag und dem Abend, an dem Rock'n' Roll gehört und getanzt werden darf. Die Moral der letzten Strophe, dieses Kampfliedes der Rock'n'Roll-Welteinstellung, besitzt auch eine schulfeindliche Spitze: „Hail, Hail, Rock'n'Roll: Deliver me from the days of old!"[41] Doch, um im Jahr 1960 den Rock überhaupt am Leben zu erhalten, mußten Musiker wie Zuhörer Zuge-

41 Chuck Berry Anthology S. 58 ff.

ständnisse an Sitte und Ordnung machen, denn nur allzu gern hätten viele sein Ende erlebt und lauerten darauf, ihm moralische Zersetzung und unamerikanische Gesinnung nachzuweisen. So entstanden die zahlreichen Stücke, in denen Lehrer, Schulthemen und Schulfreundschaften angesprochen wurden, ja die einen gewissen Schulpatriotismus verbreiteten (vgl. „Be True To Your School" von den Beach Boys).

Nicht zuletzt an der Produktion der Plattenfirmen zeichnet sich der Gesinnungswandel ab. Angestrebt war nach wie vor die Hervorbringung von Hits, d.h. von Singles, die von den Sendern und von der Geschäftszeitung Billboard unter den Top Ten, den Top Forty oder zumindest den Top Hundred verzeichnet waren (und im Hinblick auf den riesigen amerikanischen Absatzmarkt kommt ein Platz auf der hundertsten Stelle sicherem Gewinn gleich). Das 1960 von Berry Gordy Jr. gegründete Motown Label war ausschließlich auf Hits angelegt, und tatsächlich bewies Gordy einen sicheren Spürsinn für Massenappell; zwei Stücke, die aus seiner Produktion hervorgingen, wurden sogar von den frühen Beatles interpretiert („Money" und „Please Mr. Postman"). Doch auch weitere Labels wie das genannte Cameo-Parkway und Vee Jay (gegründet 1954 in Chicago) standen im Bann eines hektischen, künstlerisch richtungslosen Erfolgszwanges, obgleich es die Chance kleinerer Firmen gewesen wäre, einem neuen Geschmack zum Durchbruch zu verhelfen. Erst recht scheuten die Großfirmen Risiken. Columbia Records unter Leitung des konservativen Mitch Miller war auf die Verbreitung von Pop und von Broadway Musicals bedacht, RCA konzentrierte sich auf die Ausbeutung der Goldgrube, die ihr durch den Vertrag mit Elvis Presley erschlossen wurde, und Decca wie Capitol bewegten sich auf den Pfaden gefällig-süßlicher Unterhaltungsmusik. Das festgefahrene, wiewohl wirtschaftlich einwandfrei funktionierende Produktionsprogramm der Plattenfirmen in den USA war für die Entstehung einer neuen, wieder frischen Richtung nicht förderlich. Es lag eine gewisse Logik darin, daß um die Zeit 1962–64 England die künstlerische Führung übernahm und die Rockgeschichte um den von Liverpool ausgehenden und in London reif gewordenen British Beat bereicherte.

Schallplatten. Woody Guthrie: *The Early Years,* o.J. (D: Bellaphon); Pete Seeger: *Songs Of Struggle And Protest,* 1965 (USA: Folkways); Joan Baez: –, 1960 (USA: Vanguard); Bob Dylan: *The Times They Are A-Changin',* 1963; Ders.: *Another Side of Bob Dylan,* 1964 (beide USA: CBS); *The Newport Folk Festival,* 1960, 1961 (USA: Vanguard); *Old Time Music at Newport,* 1963 (USA: Vanguard); *Newport Broadside. Topical Songs at the Newport Folk Festival 1963,* 1963 (USA: Vanguard); Phil Ochs: *All The News That's Fit To Sing,* 1964 (USA: Elektra); *Judy Collins In Concert,* 1964 (USA: Elektra); Dick Dale And His Del-Tones: *Surfers' Choice,* um 1963 (USA: Del-Tone); Beach Boys: *Surfin' Safari,* 1962 (USA: Capitol); Beach Boys: *Surfin' USA,* 1963 (USA: Capitol); *Shut Down* (Sammelplatte), 1963 (USA: Capitol); Jan & Dean: *Filet Of Soul,* 1966 (USA: Liberty).

Literatur. Woody Guthrie: Folk Songs. A Collection of Songs by America's Foremost Balladeer (London 1963/1973); Bob Dylan: Writings And Drawings (Panther Books 1973); R. Serge Denisoff & Richard A. Peterson (Hg.): The Sounds Of Social Change. Studies In Popular Culture (Chicago 1973); Klaus Th. Guenter: Protest der Jungen. Eine kritische Würdigung aus den eigenen Reihen (List Bücher 1961); Who Put The Bomp! No. 14 (Burbank, Calif., Fall 1975).

3. Abschnitt: British Beat (1963–1969)

Die Anfänge der britischen Rockmusik liegen in der Skiffle-Bewegung der mittfünfziger Jahre. Skiffle ist eine stilistisch am Blues und am Jazz ausgerichtete Musizierweise, die einem alten Brauch amerikanischer Schwarzer, die in einer Hausgenossenschaft oder in Nachbarschaft leben, entstammt. (Während einer mit Musik verbundenen Geselligkeit sammelt man Geld für eine Familie, die aus eigenen Mitteln die Hausmiete nicht bezahlen kann.) Skiffle bildet eine Stilmischung von Blues-, Volkslied- und Jazzelementen, und man könnte auch sagen, er stellt eine hemdsärmelige Jazz-Variante dar, die an die Spieler denkbar einfache Ansprüche stellt. Als Instrumente werden Gitarre, Banjo, Kontrabaß oder Teekiste, Mundharmonika, Kamm (Kazoo) und Waschbrett verwendet. Die geschichtliche Bedeutung des Skiffle liegt darin, daß er ein Sammelbecken bildete, aus dem sich später mehrere Stilrichtungen abzweigten; zum Beispiel waren in ihm jene Blues- und Folkmusiker beheimatet, die erst in den sechziger Jahren zur Entfaltung und Geltung kamen. Als die Hauptvertreter des Skiffle sind zu nennen Lonnie Donegan mit dem weltweit bekannten Stück „Rock Island Line", Chas McDevitt, Nancy Whiskey, Johnny Duncan und die Skiffle-Gruppe The Vipers; später dem Jazz bzw. dem Rhythm & Blues wandten sich zu Ken Colyer, Chris Barber und Alexis Korner. Der Skiffle bot auch jenen unzähligen Jugendlichen ein Betätigungs- und Übungsfeld, die Anfang der sechziger Jahre den englischen Beat aus der Taufe hoben, unter ihnen dem Schüler John Lennon, dem späteren geistigen Führer der Beatles, in Liverpool.

Seinen ersten und entscheidenden Impuls erhielt der Beat aus Liverpool, und schon der Name der neuen Richtung wurde hier geboren: „Mersey Beat", benannt nach dem Fluß Mersey zwischen Birkenhead und Liverpool. In der Hafenstadt konnten die Jugendlichen leichter US-amerikanische Platten kennenlernen als in London, denn heimkehrende Matrosen versorgten sie mit Rhythm & Blues- und Rock-Material reichlich. Die importierten Vorlagen wurden bald von den über dreihundert Bands der Mersey-Gegend imitiert und in Kellern und Lokalen wie The Iron Door, The Jacaranda und Cavern Club vorgetragen. Die Aufgabe einer regelmäßigen Information für Rockmusiker und Rockfans fiel der von Bill Harry redigierten Lokalzeitung Mersey Beat zu. Der spätere Ruhm der Beatles, die als Gastspieler außerdem in Hamburgs Indra, Kaiserkeller und zuletzt Star-Club auftraten, läßt heute leicht vergessen, daß Liverpool um 1962 weitere und – wie die betreffenden Platten es bezeugen – ebenso interessante Gruppen beherbergte, unter ihnen besonders The Searchers, Cass And The Cassanovas, Rory Storm And The Hurricanes, The Escorts, The Mojos, Billy J Kramer & The Dakotas, The Fourmost, Gerry And The Pacemakers und The Swinging Blue Jeans.

Wie für die frühen Beatles, sind für die Musik dieser Formationen folgende Hauptmerkmale charakteristisch: eine die Schlagzeilen des Taktes hart und durchgehend markierende kleine und große Trommel, Trio- bis Quintettbesetzung, Strophenlieder, die teilweise vom vortonalen Material zehren, modale Tonleitern verwenden und in harmonischer Hinsicht den alterierten Nebenstufen, den Wechsel- und Gegenklängen ein großes Gewicht einräumen und die Moll-Subdominante bevorzugen. Drei Beispiele aus dem Schaffen der Beatles mögen dies verdeutlichen:

Wechselklang der Dominante, Mollsubdominante
John Lennon/Paul McCartney: „Hold Me Tight", 1963, Tonart B-Dur

Doppelte Subdominante
John Lennon/Paul McCartney:
„All My Loving", 1964,
Tonart: C-Dur

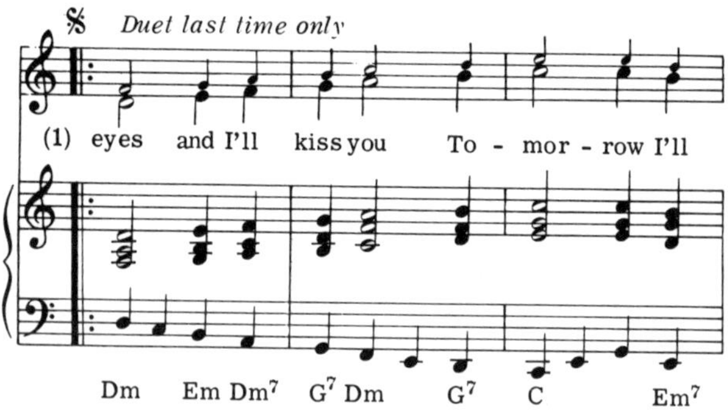

miss you Re - mem - ber I'll al - ways be
Am F Cmaj7 Dm
NB.
true. And then
B♭ G7

Spuren der Blues-Intonation:
Wechsel von großer und kleiner Septime

John Lennon/Paul McCartney: „I Should Have Known Better", 1964. Tonart C-Dur

Das gleichzeitige Musikleben in London war vom Blues beherrscht. Früher als die Amerikaner selbst entdeckten hier junge englische Musiker die künstlerische Eigenart von Blues und Rhythm & Blues, so daß die um 1965–67 einsetzende Blues-Rezeption in den USA, zu deren Bahnbrechern The Paul Butterfield Blues Band und The Blues Project gehören, paradoxerweise hinter derjenigen in England hinkte. Alexis Korners Gruppe Blues Incorporated trat in Londons Soho-Viertel auf, ebenda spielten nacheinander Cyril Davis, Graham Bond und der später als Baßgitarrist zu Ansehen gelangende Jack Bruce. Weniger vielseitig war John Mayall, dessen Bluesbreakers zu einer dogmatischen Auffassung vom zwölftaktigen Blues neigten; Mayalls Bedeutung liegt darin, daß er bis dahin unbekannte junge Musiker um sich sammelte und ihnen Disziplin und eine ernsthafte Auseinandersetzung mit den Blues-Ursprüngen der Rockmusik vermittelte. Mit ihm spielten zeitweilig später so bekannte Musiker wie John McVie und Peter Green (nachher bei Fleetwood Mac) und Eric Clapton (nachher bei Cream und Blind Faith).

Nachdem die Beatles nach London übersiedelt waren, wurde die englische Hauptstadt für einige Jahre nicht nur zum Weltzentrum der Rockmusik, sondern auch der Mod-Bewegung und der bunten, fantastischen Pop-Mode. Doch leisteten auch einige Gruppen in den Provinzstädten einen reizvollen Beitrag zum unverwechselbaren Beat. Aus Birmingham stammten The Move, The Spencer Davis Group und The Moody Blues; Manchester beherbergte so eigenwillige Künstler wie The Hollies, Wayne Fontana And The Mindbenders, Herman's Hermits und The Hotlegs (aus denen später 10cc entstand). Soft Machine und Caravan, damals noch in der embryonalen

Gruppe Wilde Flowers musizierend, machten Canterbury als Rockstätte bekannt; zu nennen sind nicht zuletzt The Animals aus Newcastle, Jethro Tull aus Blackpool und Family aus Leicester. Im „swinging London" selbst galt das meiste Interesse den Beatles, die um 1964–65 den Höhepunkt der sogenannten Beatlemania hervorriefen; sie bildeten auch darin eine exzeptionelle Gruppe, daß sie ihre sprachliche wie musikalische Artikulation von Platte zu Platte steigern konnten, und die Musikstücke – seitdem ein fester, niveauvoller Bestandteil des gesamten Rock-Repertoires – wurden unter Leitung des Produzenten George Martin mit der gleichen Sorgfalt eingespielt, mit der Manager Brian Epstein das Image der freundlichen, geistreichen Vier festlegte und verbreitete. Als das betont unhöfliche, aufsässige Gegenstück der Beatles konnten sich die Rolling Stones behaupten, deren Massenerfolge zum großen Teil aus den geschmacklich bedenklichen, doch sehr wirkungsvollen Live-Auftritten des Solosängers Mick Jagger und der vier übrigen Musiker erklären. Dabei ist die Musik der Rolling Stones den Wurzeln des Rock, dem Blues, näher als die der Beatles, und darin befriedigte sie jene unzähligen Rockfans, die – im Gegensatz zu den Zielen der Beatles und ihrer Anhänger – den Sinn von Rockmusik nicht in stetiger Differenzierung, sondern in außermusikalischen Faktoren wie Sex, Aggression und Stimmung erblickten.

In der zweiten Hälfte der sechziger Jahre waren in London mehrere Rockgruppen tätig, die von den Beatles wie auch von den Rolling Stones unabhängige, vielfach originelle Züge aufweisen. The Who profilierten sich unter der Führung von Peter Townshend zum Sprachrohr der Mod-Bewegung wie auch des bewußt ausgefochtenen Generationskonfliktes („My Generation", 1965); ihr 1969 veröffentlichtes Concept Album *Tommy* gehört zu den frühesten Zeugnissen einer handlungsmäßig wie musikalisch einheitlich gestalteten Rock-Oper. The Kinks porträtierten satirisch zahlreiche Zeitgenossen, etwa den „Well Respected Man" und den „Dedicated Follower Of Fashion"; auch sie wandten sich ab 1968 den künstlerischen Problemen des Concept Albums zu und brachten einige beachtliche Plattenwerke auf diesem Gebiet hervor *(Village Green Preservation Society, Arthur,* später *Soap Opera).* Eine scharf formulierte Kritik an den bestehenden Zuständen war Gruppen wie The Deviants und The Edgar Broughton Band eigen. Sie war unverbindlicher, eher humoristisch formuliert bei Bonzo Dog und in den Stücken von Dave Dee, Dozy, Beaky, Mick & Tich. Von den unübersehbar vielen Gruppen, deren musikalische Ausdrucksmittel die ganze Vielfalt des British Beat ausmachen, seien noch einige wenige genannt: Art (ehemals V.I.P.), The Artwoods, Blossom Toes, The Creation, The Gods, die rein instrumental spielenden Shadows, weiter die in England lebenden Amerikaner The Walker Brothers, Tomorrow, The Troggs und die Zombies. Bluesorientierte Gruppen waren die Yardbirds, Downliners Sect, Simon Dupree And The Big Sound, Cream, Blind Faith, Fleetwood Mac und am Anfang The Groundhogs. Mit manchen Hits, die auch heute noch hörenswert sind, warteten damals weitere Musiker auf, die zum rockmusikalischen Alltag der Hauptstadt bzw. des Landes gehörten: Small Faces, Pretty Things, Idle Race, Spooky Tooth und Arthur Brown („Fire", 1968). In die Kategorie von Kulturrock fallen aus der zweiten Jahrzehnthälfte Pink Floyd, Genesis, Van der Graaf Generator, King Crimson; Jazzelemente mit Rock verbanden Man, Manfred Mann, If, Mighty Baby, Soft Machine und Brian Augers verschiedene Formationen, darunter Trinity mit der Sängerin Julie Driscoll.

Wegen der verhältnismäßigen Bekanntheit des englischen Beat in Deutschland sei auf eine ausführlichere Darstellung verzichtet; statt dessen erhält die hierher gehörige Diskographie einen größeren Umfang, weil die nachstehenden Schallplatten infolge ihrer künstlerischen Qualität nicht nur einen historischen Stellenwert verkörpern, sondern auch ästhetische Maßstäbe liefern.

Schallplatten. 1. Zusammenstellungen. *Skiffle Festival*, 2 LP, 1977 (D: Teldec); *History Of British Rock*, Vol. 1–3, je 2 LP, 1975 (USA: Sire); *The Beat Merchants. British Beat Groups 1963–1964*, 2 LP (GB: United Artists); *Mersey Beat' 62–'64*. 2 LP, o.J. (GB: United Artists); *Mersey-Beat at Liverpool*, 2 LP, 1974 (D: Teldec); *Liverpool Today*. „Live At The Cavern", um 1965 (GB: Ember); *On The Scene*, um 1965 (GB: EMI/Columbia); *My Generation*, um 1976 (GB: EMI); *Rare Tracks*, um 1976 (GB: Polydor Special). – 2. Einzelkünstler. The Animals: *House Of The Rising Sun*, o.J. (D: Emidisc); The Animals: *Winds Of Change*, 1967 (USA: MGM); Arcadium: *Breathe Awhile*, 1969 (GB: Middle Earth); P.P. Arnold / Chris Farlowe: –, 2 LP, 1976 (D: Charly/Bellaphon); Art: *Supernatural Fairy Tales*, 1969 (D: Island/Ariola); The Artwoods: *Art Gallery*, 1966 (D: Decca); Atomic Rooster: –, 1970 (NL: Fontana); Audience: –, 1969 (GB: Polydor); Julie Driscoll & Brian Auger & The Trinity: *Chronicle* (1965–1967), o.J. (F: Triumph/Polydor); Long John Baldry: *Looking At Long John*, 1966 (D: Liberty/ Sunset); The Beatles: alle LPs von 1963 bis 1969, außerdem *In The Beginning. The Beatles And Tony Sheridan*, 2 LP, 1968 (D: Polydor); *Live at the Star-Club in Hamburg, Germany, 1962*, 2 LP, 1977 (D: Bellaphon); Blind Faith: –, 1969 (GB: Polydor); Bonzo Dog Band: *Gorilla*, 1967 (GB: Liberty); The Alan Bown: *Outward Bown*, 1968 (GB: Music Fact); Edgar Broughton Band: *Wasa Wasa*, 1969 (D: Electrola); *The Crazy World Of Arthur Brown*, 1968 (D: Polydor); Caravan: –, 1968 (D: Polydor); Colosseum: *Those Who Are About To Die Salute You*, 1969 (GB: Fontana); Cream: *Wheels Of Fire*, 2 LP, 1968 (D: Polydor). The Creation: *We Are Paintermen*, 1967 (D: Hit-Ton); Spencer Davis Group: *Autumn '66*, 1966 (GB: Fontana); Dave Dee, Dozy, Beaky, Mick & Tich: *If Music Be The Food Of Love*, 1967 (GB: Fontana); The Deviants: *Ptooff!*, 1968 (GB: Decca); Donovan: *Universal Soldier*, 1966 (GB: Marble Arch); Downliners Sect: *The Sect*, 1964 (Neupressung GB: Charly); The

Aynsley Dunbar Retaliation: –, 1968 (D: United Artists); Simon Dupree And The Big Sound: *Without Reservations*, 1967 (GB: EMI/Parlophone); Eclection: –, 1968 (USA: Elektra); Eyes Of Blue: *Crossroads Of Time*, 1968 (GB: Mercury); Fairport Convention: *What We Did On Our Holidays*, 1969 (D: Island/Ariola); Family: *Music In A Doll's House*, 1968 (GB: Reprise); Flaming Youth: *ARK 2*, 1969 (GB: Fontana); Fleetwood Mac: –, 1968 (D: CBS); Genesis: *From Genesis To Revelation*, 1969 (D: Teldec); Groundhogs: *Scratching The Surface*, 1969 (GB: Liberty); High Tide: *Sea Shanties*, 1969 (GB: Liberty); *The Hollies 1963–1970*, 2 LP, o.J. (GB: EMI); Humble Pie: *Town And Country*, 1969 (D: Electrola); The Incredible String Band: *The 5000 Spirits Of The Layers Of The Onion*, 1967 (D: WEA); Jethro Tull: *This Was*, 1968 (D: Phonogram); King Crimson: *In The Court Of The Crimson King*, 1969 (D: Island/Ariola); The Kinks: *Kinda Kinks*, 1965 (GB: Marble Arch); Lindisfarne: *Nicely Out Of Tune*, 1969 (D: Phonogram); Man: *Revelation*, 1969 (GB: Pye); John Mayall And The Bluesbreakers: *A Hard Road*, 1967 (D: Teldec); Mighty Baby: –, 1969 (GB: Head); Wayne Fontana & The Mindbenders: *The Game Of Love*, 1965 (D: Star-Club/Philips); The Moody Blues: *The Magnificent Moodies*, 1965 (GB: Decca); The Move: –, 1968 (GB: Regal Zonophone); The Nice: *The Thoughts Of Emerlist Davjack*, 1968 (D: Electrola); Pentagle: –, 1968 (GB: Transatlantic); Pink Floyd: *A Nice Pair* (die ersten beiden Platten, D: Electrola); The Pretty Things: *Mama Keep Your Big Mouth Shut*, 1965 (GB: Fontana); Procol Harum: *Shine On Brightly*, 1968 (GB: Regal Zonophone); The Rolling Stones: – *und No. 2*, 1964 (GB: Decca); The Searchers: *Needles And Pins*, o.J. (GB: Pye/Hallmark); Small Faces: *Autumn Stone*, 2 LP, 1969 (GB: Immediate); Soft Machine: – und *Vol. Two*, 1968 (D: Electrola); Spooky Tooth: *It's All About*, 1968 (D: Island/Ariola); Traffic: *Mr. Fantasy*, 1967 (D: Island/Ariola); The Who: *Happy Jack*, 1967 (USA: Decca); Yardbirds: *Five Live Yardbirds*, 1965 *(GB: Columbia)*.

Literatur. Phil Hardy & Dave Laing (Hg.): The Encyclopedia of Rock. Volume 2: From Liverpool to San Francisco (Frogmore, St Albans 1976); Chris May and Tim Phillips: British Beat (London um 1974); Brian Hogg: A Discography of Selected U.K. Pop of the Sixties 1965–1968 (Bam Balam Special, 1977) Hunter Davies: The Beatles, The Authorised Biographie (London 1968); Harry Castleman & Walter J. Podrazik: All Together Now. The First Complete Beatles Discography 1961–1975 (New York 1975).

4. Abschnitt: Jazzrock, Countryrock, Hardrock, nationale Idiome (1969/70–1975/76)

Das Jahr 1970 stellt in mehrfacher Hinsicht einen symbolischen Einschnitt in der Rockgeschichte dar. Es ist das Jahr, in dem die vier Beatles, Trendsetzer und Repräsentanten der Rockmusik der sechziger Jahre, nach Kontroversen um das eigene Apple-Unternehmen auseinandergingen und zunächst ein Gefühl der Leere in der Rockwelt hinterließen. Es ist auch der Zeitpunkt einiger Plattenveröffentlichungen, die den tastenden Bestrebungen der Jahre 1967–69 in Richtung einer Stilsynthese zum Durchbruch verhalfen. Die wichtigste und folgenreichste stilistische Begegnung vollzog sich zwischen Rock und Jazz, und zwar weniger mit Hilfe der bereits 1967–68 gegründeten Big Band-Formationen wie Blood, Sweat & Tears und Chicago, sondern durch Musiker, deren Laufbahn bis dahin ausschließlich im Jazzbereich verlief und die, die Sackgasse eines rhythmisch amorphen, zuletzt zur Manier gewordenen Free Jazz erkennend, vom Rock den durchgehenden (und disziplinierenden) Schlag sowie die elektrisch verstärkten Instrumente übernahmen (im Blick auf diese Instrumente heißt die neue Richtung, ungenau genug, auch Electric Jazz). Im Gegensatz zu der verbreiteten Auffassung war es nicht der Trompetenspieler Miles Davis, der den Jazzrock am überzeugendsten als eine geschliffene musikalische Sprache vertrat. Seine große Bedeutung besteht vielmehr darin, daß er seine Musiker die Verknüpfung von Free Jazz-Improvisationen mit dem rhythmisch-metrischen Rückgrat der Rockmusik lehrte. Dementsprechend ist das von Kritikern gelobte Doppelalbum *Bitches Brew* von 1970 als ein Werk des Überganges, nicht als eine reife Synthese ehemals gleichgültig, ja feindlich sich gegenüberstehender Musikbereiche anzusehen. Weit wichtiger als Miles Davis sollten einige Musiker für den Jazzrock werden, die mit ihm spielten oder von ihm sonstwie Anregungen erhielten, die jedoch sich unbefangener vom Free Jazz lossagten und in wechselnden Gruppierungen sowie auf Soloalben die Möglichkeiten einer von Jazz, Soul und lateinamerikanischem Klangkolorit durchsetzten Rockmusik erprobten. Die Trio- bzw. Quartettbesetzung von Tony Williams Lifetime gehört hierher, zu der Gitarrist John McLaughlin, Bassist Jack Bruce, Organist Larry Young und der Bandgründer Schlagzeuger Tony Williams gehörten, sodann und vor allem McLaughlin selbst mit seinem Mahavishnu Orchestra, das von 1972 an einige Schallplatten einspielte, die für den Jazzrock ästhetische und spieltechnische Maßstäbe setzten (*The Inner Mounting Flame,* 1972 und *Birds Of Fire,* 1973). In diesem Zusammenhang sind die Soloalben zweier ehemaliger Mahavishnu-Mitglieder zu nennen, des in Panama geborenen Schlagzeugers Billy Cobham und des aus der Tschechoslowakei stammenden Pianisten Jan Hammer. Lateinamerikanische Perkussionsinstrumente prägen die Gruppe um Carlos Santana ebenso wie die vom Wiener Joe Zawinul gegründete Formation Weather Report, die ihrerseits manche vorzüglichen Musiker, unter ihnen Wayne Shorter, Miroslav Vitous, Alphonse Mouzon und Jaco Pastorius umfaßte bzw. noch umfaßt. In der BRD bewegten sich Klaus Doldingers Passport und die wechselnden Konstellationen um Wolfgang Dauner in einer vergleichbaren stilistischen Richtung; von den späteren Gruppen, die sich der Amalgamierung von Jazz und Rock verschrieben, sind Embryo, Emergency, Munju, Real Ax Band und Missus Beastly erwähnenswert. Im weiteren

Verlauf wurde der ursprünglich avantgardistisch konzipierte, noch bei Miles Davis feierlich-prätentiöse Jazzrock um Funky-Elemente bereichert, um eine witzige, die metrischen Gewichtsverhältnisse bewußt auf den Kopf stellende und von unerwarteten Pausen durchlöcherte Spielweise schwarzer Musiker, wie sie sich bei Billy Cobham, Herbie Hancock, George Duke und Johnny Guitar Watson um 1975 präsentiert. Man kann sagen, daß Funky nach seiner Konzeption eine Art Ragtime der siebziger Jahre ist. Doch sehr bald freilich, als die Spielart zu einem ausgetretenen Stilweg wurde, verlor der Funky seine ehemaligen, „funkelnden" Pointen immer mehr, nahm zunehmend Disco-Züge an und stellte nur noch einen dekorativ wirkenden Leerlauf dar: er wurde zu einem routiniert hergestellten Klangteppich, der sich so tief auf das Aussageniveau der Unterhaltungsmusik begab, daß er erst dann auffällt, wenn er inmitten einer Unterhaltung plötzlich aufhört. Jazzrock mit Funky- und Soul-Einschlag um 1976 war eine ausgehöhlte, jederzeit spielbare und nichts mehr beinhaltende Stilrichtung. Heute heißt er Fusion Music bzw. Crossover.

Schallplatten. *Rock'n'Jazz. A Fusion,* 1975 (D: WEA); Blood, Sweat & Tears: *Child Is Father To The Man,* 1968 (USA: Columbia); Chicago Transit Authority: –, 2 LP (USA: Columbis); *Chase:* –, 1971 (USA: Epic); The Flock: –, 1969 (USA: Columbia); Miles Davis: *Bitches Brew,* 2 LP, 1970 (D: CBS); Tony Williams Lifetime: *Emergency!,* 2 LP, 1969 (D: Polydor); Jack Bruce: *Songs For A Taylor,* 1970 (GB: Polydor); The Mahavishnu Orchestra: *The Inner Mounting Flame* und *Birds Of Fire,* 1972/1973 (NL: CBS); Billy Cobham: *Total Eclipse,* 1974 (D: WEA); Jan Hammer/Jerry Goodman: *Like Children,* 1974 (D: WEA); Weather Report: *Sweetnighter,* 1973 (NL: CBS); Passport: *Second Passport,* 1972 (D: WEA); Wolfgang Dauner: *Music Zounds,* 1970 (D: BASF/MPS); Embryo: Opal, 1970 (D: Ohr/Metronome); Emergency: –, 1971 (D: CBS); Herbie Hancock: *Head Hunters,* 1974 (D: CBS); George Duke: *Feel,* 1974

(D: BASF/MPS); Santana: *Abraxas,* 1970 (D: CBS); Alphonso Johnson: *Moonshadows,* 1976 (USA: Epic); Jaco Pastorius: –, 1976 (NL: CBS); Johnny Guitar Watson: *A Real Mother,* 1977 (NL: DJM).

Literatur: Karl Lippegaus: Rock Jazz, in: Joachim-Ernst Berendt (Hg.): Die Story des Jazz. Vom New Orleans zum Rock Jazz (Reinbek 1978, rororo 7121).

Die Idee, Züge von Rock und Country & Western miteinander zu kombinieren, war um 1970 keineswegs neu, denn schon Rockabilly beruhte auf solcher Verknüpfung, nicht minder dessen modernisierte Variante bei den Everly Brothers um 1960–62. Aber Countryrock von 1970 an, der zunächst wie ein Experiment einiger Studiomusiker in Nashville begann (frühere Ansätze dazu bei Country Joe & The Fish, Nitty Gritty Dirt Band and anderen hier außer acht gelassen), traf einen wichtigen Nerv der Generation um die Jahrzehntwende: die Sehnsucht nach neuer und womöglich ländlicher Einfachheit, die zunehmend kritische Einstellung der kaum unter Kontrolle zu bringenden Umweltverschmutzung gegenüber und nicht zuletzt die einsetzende Abwendung von politischen Demonstrationen und von impulsiven Umwälzungsideen, übrigens auch von den Erwartungen, die noch wenige Jahre früher an die menschheitserlösende Wirkung von Drogen geknüpft worden waren. Countryrock ist der stilistische Ausdruck dieser Haltung, ein Kompromiß zwischen der ländlichen Musik, deren typischen Instrumenten (Banjo, Fiedel, Steel und Pedal Steel Guitar, Dobro u.a.) und deren melodischen Wendungen zum einen, zum anderen dem hart pulsierenden Rhythmus einer elektrisch verstärkten Großstadtmusik. Im Hinblick auf die geographischen Gegebenheiten überrascht nicht, daß diese Richtung vor allem in Kalifornien von mehreren Gruppen aufgegriffen und in erstaunlicher Vielfalt untereinander fortgeführt wurde, so von The Flying Burrito Brothers, New Riders Of The Purple Sage, Quicksilver Messenger Service, Poco, Stoneground und anderen; heute vor allem von Eagles und Heart. Obwohl es sich hierbei durchweg um weiße Musiker handelt (Ausnahmen wie Papa John Creach von der San Francisco-Gruppe Hot Tuna bestätigen die Regel), ist Countryrock auch dem Blues gegenüber aufgeschlossen, zumal denjenigen, die sich zivilisationsmüde von der Großstadt abwenden, auch der Blues wie ein Symbol der Einfachheit, des passiven Widerstandes, der Volksnähe erscheinen muß. Tatsächlich ist der Blues-Einfluß in der Musik der meisten genannten Gruppen zu finden. Wie stark sich im Countryrock C & W- und Blueselemente gegenseitig durchdringen können, beweist vor allem das kanadisch-amerikanische Quintett The Band, das jahrelang Bob Dylan begleitete und als selbständige Musikergruppe einige ausgezeichnete Platten hervorbrachte. So paradox die Behauptung anmutet: der Geist des Countryrock wurde von einigen Gruppen in England noch reiner, stilistisch noch einheitlicher verwirklicht als von vielen ihrer amerikanischen Kollegen. Die Paradoxie löst sich auf, sobald man sich vergegenwärtigt, daß Country wie auch Rock für die Engländer keine musikalischen Muttersprachen sind, sondern erlernte Idiome darstellen und in ihrer stilistischen Eigenart von ihnen daher bewußter, analytischer angeeignet werden müssen. Die Gruppe Brinsley Schwarz brachte insgesamt sechs Alben hervor, von denen jedes einzelne das Gesagte zu veranschaulichen vermag. Einer weiteren Countryrock-Gruppe, Bronco, entstammt der später vielbeachtete Solosänger Jess Roden, in dessen Repertoire das enge Nebeneinander von Country und Blues sich besonders eindrucksvoll dokumentiert. Daddy Longlegs, eine weitere Countryrock-Formation in England, ist gleichfalls hier zu nennen, obgleich ihre Mitglieder Amerikaner waren; von den heute wirkenden Verfechtern der in Frage stehenden Stilrichtung erweisen sich Dire Straits als die berufenen Nachfolger von Brinsley Schwarz. In der BRD taten sich um 1971–73 besonders die Musiker in Improved Sound Limited als einfühlsame Country-Kenner hervor.

Schallplatten. Country Joe & The Fish: *Here We Are Again,* 1969 (USA: Vanguard); The Nitty Gritty Dirt Band: –, 1965 (USA: Liberty); Area Code 615: *Trip In The Country,* 1970 (USA: Polydor); Flying Burrito Brothers: *The Gilded Palace Of Sin,* 1969 (D: A & M/Ariola); New Riders Of The Purple Sage: –, 1971 (D: CBS); Quicksilver Messenger Service: –, 1968 (USA: Capitol); Poco: –, 1970 (USA: Epic); Eagles; *Desperado,* 1973 (D: WEA); Heart: *Little Queen,* 1977 (NL: Portrait/CBS); Hot Tuna: Burgers, 1972 (USA: Grunt); The Band: *Stage Fright,* 1970 (D: Electrola); Brinsley Schwarz: *Despite It All,* 1971 (D: Liberty); Bronco: *Country Home,* 1970 (D: Island/Ariola); Dire Straits: –, 1978 (GB: Vertigo); Jess Roden: –, 1974 (GB: Island); Improved Sound Limited: –, 2 LP, 1971 (D: United Artists).

Wohl als eine normal, ja gesund zu nennende Gegenströmung angesichts der ästhetischen Spielereien der Beatles und der frühesten Kulturrock-Gruppen wie Pink Floyd, Family, Genesis und einiger Folk- und Jazzrock-Formationen entstand um 1970 der Hardrock oder Heavy Rock. (Ein klarer Unterschied zwischen den letztgenannten Begriffen ist von Kritikern häufig behauptet, jedoch nie an Einzelfällen demonstriert worden.) Auch diese Stilprägung bildet eine Verknüpfung mehrerer musikalischer Mittel oder doch zumindest mehrerer Absichten. Zum Beispiel enthielt das Trio Jimi Hendrix Experience die Tendenz, „psychedelisch" und zugleich hart und laut zu sein; andere Gruppen legten viel Gewicht auf die politische Aussage ihrer Texte usw. Zu den Merkmalen von Hardrock gehören betonte Lautstärke, eine solide Schlagzeug-Grundierung, verzerrter Gitarren- oder Orgelklang und die dominierende Rolle eines exzentrisch gekleideten Sängers auf der Bühne. Genuine Hardrock-Bands aus der Zeit um 1970 und etwas später waren Led Zeppelin mit dem Sänger Robert Plant und dem virtuosen Gitarristen Jimmy Page, sodann Atomic Rooster, Clark-Hutchinson und Stack Waddy in England; Blue Cheer, MC 5, The Frost, The Stooges, Attila, Sir Lord Baltimore, Cold Blood und Floating Bridge in den USA; Hardwater und Troyka in Kanada. Die typische Größe dieser Bands ergab sich aus der Trio- und Quartettbesetzung.

Schallplatten. Jimi Hendrix Experience: *Are You Experienced?* und *Axis: Bold As Love*, 1967/68 (D: Track/Polydor); Led Zeppelin: *II*, 1969 (D: WEA); Atomic Rooster: *In Hearing of Atomic Rooster*, 1971 (GB: B & C); Clark-Hutchinson: *Gestalt*, 1971 (GB: Deram). Stack Waddy: –, 1971 (D: Polydor); Blue Cheer: *New! Improved!*, 1969 (USA: Philips); MC 5: *Kick Out the Jams*, 1969 (USA: Elektra); The Frost: *Rock'n' Roll Music*, 1970 (D: Electrola); The Stooges: *Fun House*, 1970 (USA: Elektra); Attila: –, 1970 (D: CBS); Sir Lord Baltimore: *Kingdom Come*, 1971 (USA: Mercury); Cold Blood: –, 1969 (USA: San Francisco/Atlantic); Floating Bridge: –, o.J. (USA: Vault); Hardwater: –, o.J. (CDN: Capitol), Troyka: –, 1970 (USA: Cotillion).

Eine der wichtigsten, folgenschweren Entwicklungen, die kurz vor 1970 eingeleitet wurden, führte zur Entstehung nationaler Rockidiome auf dem europäischen Kontinent. Ahmten die einheimischen Gruppen bis dahin möglichst notengetreu aus den angelsächsischen Ländern importierte Stücke nach, so bildete der genannte Zeitpunkt eine deutliche Wende in Holland, Skandinavien,

Deutschland und Frankreich. Man besann sich auf die Möglichkeiten, die eigene Musiktradition mit der Rocksprache zu verbinden, und auch wenn die Ergebnisse von damals heute nur wenig überzeugen, war dies die Voraussetzung dafür, daß ein jeweils national gefärbter, von nationalem Bewußtsein getragener Rockstil in den genannten Ländern entstehen konnte. In Holland traten Cuby & Blizzards und Shocking Blue noch als Bluesgruppen in den sechziger Jahren hervor. In die psychedelischen Jahre fällt schon die erste LP der Groep 1850, der es auf den folgenden Alben gelang, eine eigene Sprache zwischen Hardrock, langgezogenen Klangprozessen und musikalischen wie sprachlichen Lyrismen zu entwickeln. Bekannte Stellen aus klassischer und romantischer Musik reihte Ekseption aneinander, um mit solchem verrockten Potpourri einen – wie es scheint – allzu leicht errungenen Erfolg zu erzielen. Weit größere künstlerische Ambitionen beseelten die Mitglieder von Focus. Eine weitere Gruppe, Brainticket, rief mystische Orgelklänge hervor und stellte diese in den Dienst „bewußtseinserweitender" Erfahrungen. Zu nennen ist die erstaunlich junge, doch technisch wie musikalisch ganz fertige Jazzrockgruppe Supersister, dann Golden Earring mit vielen elektizistisch entworfenen Musikstücken, Earth And Fire und Pilot. Kayak, Water und Scope gehören zu den jüngeren Formationen, unter denen 1977 besonders Gruppo Sportivo mit einem parodistischen Erstlingsalbum auf sich aufmerksam machte.

Schallplatten. Cuby + Blizzards: *Appleknockers Flophouse*, 1969 (GB: Philips); Groep 1850: *Menu – Live On Tour*, o.J. (NL: Rubber); Brainticket: *Cottonhill*, o.J. (D: Bellaphon); Supersister: *Iskander*, 1973 (NL: Polydor); Water: *The Second Day*, 1975 (NL: Philips); Kayak: *Royal Bed Bouncer*, 1975 (NL: EMI); Gruppo Sportivo: *10 Mistakes*, 1977 (D: Bellaphon).

Auf das Bestehen einer eigenständigen skandinavischen Rockmusik machten einige schwedische Gruppen aufmerksam, so die Hep Stars, The Hootenanny Singers und The Spotnicks, nicht minder The Shamrocks und Ola And The Janglers. Um 1968–70 musizierten Savage Rose in einem durchhörbaren, unbeschwerten Stil, der manche Anregungen von der San Francisco-Band Jefferson Airplane erhielt; in Kopenhagen schuf das Quartett Ache um die gleiche Zeit das erste von Rockmusik begleitete Ballett De homine urbano. Auch weitere dänische Musiker standen um 1970 im Zeichen des stilistischen Umschwungs, so vor allem Burnin' Red Ivanhoe, eine von Kritikern mit Lob bedachte Jazzrock-Formation. In der Gegenwart arbeiten sich norwegische und finnische Musiker in die Vorderreihen nördlichen Rocks vor, so Ruphus mit ausgewogenen Arrangements und Wigwam samt den Landsleuten Pekka Pohjola (Baßgitarre) und Jukka Tolonen (Gitarre, Klavier). Am bekanntesten sind freilich ABBA aus Schweden, die einen aufnahmetechnisch geschliffenen, eingängigen Pop-Rock hervorbringen („SOS", „Fernando", „Mamma Mia").

Schallplatten. S. Spotnicks: *If You Could Read My Mind*, o.J. (D: Polydor); Hep Stars: *On Stage*, o.J. (S: Olga); Ola And The Janglers: *Surprise, Surprise*, o.J. (GB: Sonet); Jackpots: *Jack In The Box*, 1968 (GB: Sonet); *The Best Of ABBA*, um 1977 (D: Polydor). – DK. Savage Rose: –, 1968 (D: Polydor); Ache: *De homine urbano*, 1970 (DK: Philips); Burnin' Red Ivanhoe: W.W.W., 1971 (GB: Polydor); Dr. Dopo Jam: *Entree*, 1973 (D: Zebra). – N. Ruphus: *Inner Voice*, 1977 (D: Brain). – SF. Pekka Pohjola: *B The Magpie*, 1975 (GB: Virgin); Jukka Tolonen: *Crossection*, 1976 (D: Metronome); Wigwam: *The Lucky Golden Stripes And Starpose*, 1976 (GB: Virgin).

Literatur. Who Put The Bomp! No. 15 (Winter 1976/77, S. 34 ff.)

Unter den deutschen Gruppen der Beat-Ära prägten sich die Hamburger Rattles im Ausland als die „deutschen Beatles" ein; paradox genug, wurden sie ausgerechnet in England bei jedem Gastspiel jubelnd empfangen. Nennenswert sind noch die Berliner Gruppen The Lords, Boots und Hounddogs, ferner The Rivets, The Beathovens, The Maniacs und The Rangers. Zwar spielten all diese Formationen vornehmlich angelsächsisches Material, doch mit einem „Rockgefühl" und mit einer Spieltechnik, die heute viele nostalgisch in die sechziger Jahre zurückschauen läßt. Das Geburtsjahr des deutschen Rock ist 1969, symbolisch markiert durch das erste Album von Amon Düül und von Can. Die radikale Abwendung vom vorangehenden Beat erfolgte im Zusammenhang mit Versuchen mit Free Jazz und freier Atonalität, auch mit der damals verbreiteten Vorstellung, daß eine Musik, die im Drogenrausch-Zustand improvisiert wird, durchweg eingebungsvoll und fantastisch klingen müsse. Dies ist bekanntlich nicht der Fall, und wegen dieses Irrtums erscheinen heute einige der frühen Rock- und Free Music-Aufnahmen so gut wie ungenießbar. Neben Amon Düül bzw. deren heute weiterbestehende Abzweigung Amon Düül II und Can gehören Birth Control, Ihre Kinder und die später international bekannt gewordene Elektronik-Gruppe Tangerine Dream aus Berlin zu den frühesten, noch vor 1971 entstandenen deutschen Formationen. 1971 stellt insofern einen Einschnitt in der deutschen Rockgeschichte dar, als in diesem Jahr die meisten Debut-Alben deutscher Gruppen herauskamen (vielfach blieben sie das einzige Dokument ihrer Existenz). Von den zahlreichen Bands seien genannt Annexus Quam, Ash Ra Tempel, Kluster bzw. später Cluster, Eloy, Guru Guru, Karthago, Kraftwerk, Silberbart, Ton Steine Scherben und Wind. Die mutigen, stilistisch sehr weit gefächerten Versuche deutscher Gruppen in den beginnenden siebziger Jahren mündeten um die Jahrzehntmitte in einen wieder angelsächsisch beeinflußten Hauptstrom, den man in groben Zügen wiederum in Jazzrock, Bluesrock und Countryrock unterteilen kann. Jazzrockgruppen wie Embryo, Missus Beastly, Real Ax Band und Bakmak bestehen jeden qualitativen Vergleich mit dem Ausland; zu den letztgenannten beiden Richtungen lassen sich, Eigenheiten der jeweiligen Gruppe immer vorausgesetzt, Formationen wie Release Music Orchestra, Nine Days' Wonder, Sahara, Streetmark, Lake, Grobschnitt, Truck Stop und Hoelderlin zählen. Der führende Einzelmusiker auf elektronischem Gebiet ist Klaus Schulze. Mehr am politisch ausgerichteten Text als an der musikalischen Gestaltung sind Floh de Cologne, Lokomotive Kreuzberg, Checkpoint Charlie und Ton Steine Scherben interessiert. Persönliche und finanzielle Schwierigkeiten führten dazu, daß auch Gruppen auseinandergingen, deren musikalischer Beitrag zu den originellsten des Landes gehört, unter ihnen Silberbart, Haze und Dzyan.

Schallplatten. Amon Düül: –, 1969 (D: Metronome); Amon Düül II: *Yeti,* 2 LP, 1970 (D: United Artists); Annexus Quam: *Osmose,* 1971 (D: Ohr/Metronome); Ash Ra Tempel: *Schwingungen,* 1972 (D: Ohr/Metronome); Birth Control: *Operation,* 1971 (D: Ohr/Metronome); Cluster: –, 1971 (D: Phonogram); Eloy: –, 1971 (D: Eigenvertrieb?); Faust: *So Far,* 1972 (D: Polydor); Grobschnitt: Jumbo, 1975 (D: Metronome); *Hoelderlins Traum,* 1972 (D: BASF/MPS); Ihre Kinder: *Leere Hände,* 1970 (D: Kuckuck/DGG); Improved Sound Limited: –, 2 LP, 1971 (D: United Artists); Karthago: *Second Step,* 1973 (D: BASF/MPS); Kraan: –, 1972 (D: Spiegelei); Kraftwerk: *Autobahn,* 1974 (D: Philips); Silberbart: –, 1971 (D: Philips); Tangerine Dream: *Electronic Meditation,* 1970 (D: Ohr/Metronome); Wallenstein: *Mother Universe,* 1972 (D: BASF/MPS); Zarathustra: –. 1972 (D: Metronome).

Literatur. Günter Ehnert: Rock in Deutschland. Lexikon deutscher Rock-Interpreten (Taurus Press, Hamburg 1975).

Der Entstehung einer französischen Rockmusik stand für lange Zeit die einheimische Chansontradition im Wege. Antoine et les Problèmes zum Beispiel sangen um 1968 von Rockrhythmen durchsetzte Chansons. Um die gleiche Zeit entstand eine Musik mit lang ausgedehnten Prozessen und elektronisch zubereiteten stehenden Akkorden, wie sie in der BRD zur gleichen Zeit besonders von Xhol Caravan vertreten wurde. In der französischen Gruppe Catharsis, deren Klang von Orgel, Violine und Schlagzeug beherrscht war, mag man eine Entsprechung zu solcher „meditativen" Musik erblicken. Zu den Pionieren einer einheimischen Rockmusik gehören in Frankreich Ame Son, die ausgiebig Jazzelemente einbeziehenden Martin Circus, sodann Moving Gelatine Plates, Mardi Gras und die experimentellen Gruppen Recreation und Experience. Strenge britische Paßbestimmungen führten zu einem Aufschwung von Frankreichs Rockmusik. Der Australier Daevid Allen, Mitglied in der frühesten Besetzung der englischen Jazzrock-Gruppe Soft Machine, erhielt nach einem Aufenthalt auf dem Kontinent keine nochmalige Einreisegenehmigung von den englischen Behörden. Er blieb in Frankreich und gründete eine zunächst informelle Musikvereinigung, die sich im nachhinein als Gong formierte. Mit *Magick Brother* (1970) begann die Plattenproduktion der Gruppe. Bis zum Ausscheiden Allens entstanden sieben Alben-, die – gäbe es den Ausdruck – Hippierock genannt werden müßten. Traumhaft verschleierte Klangfolgen (etwa auf *You*, 1974), exzentrische Einfälle, ein erholsames Fehlen von ästhetischen Dogmen aller Art und damit verbunden auch ein Fehlen von jeder Wichtigtuerei machen die Musik der damals abgeschieden lebenden Hippie-Intellektuellen liebenswürdig und auch heute interessant. Gong nach Allens Weggang wurde technisch perfekter, und sie verloren die einstige ästhetische Unbekümmertheit. Aber von den überdurchschnittlichen Jazzrock-Gruppen, zu denen sie jetzt gehören, gibt es ohnehin viele. Wie in der *Flying Teapot*-Trilogie von Gong, kreisen die Themen auch bei einer anderen bemerkenswerten Gruppe, Magma, um kosmische Flüge und interstellare Verständigung. Was Gong in seiner gegenwärtigen Phase ist, nämlich eine Jazzrock-Formation, war Magma in seinen Anfängen um 1971. In dem Maße, als Christian Vander seine künstlerischen Ideen durchzusetzen vermochte, baute die Musik immer mehr auf orgiastische Klangsteigerungen, auf Tonwiederholung und auf ineinander verzahnte Rhythmen. Der reife Magma-Klang um 1973–75 erinnert in manchem an den Strawinsky des *Sacre du printemps* und von *Les Noces,* ebenso an Carl Orffs stampfende Rhythmen in *Carmina Burana.* Die bisherigen Schallplatten, die sich von einer Vision die Erde fliehender Menschen leiten lassen, sind nicht nur einzeln Concept-Alben, sondern ergeben insgesamt einen übergeordneten Zusammenhang, dessen Dimensionen vorerst nicht abzusehen sind. Außer Gong und Magma ist Ange kennenlernenswert. Die Gruppe trägt französische, dichterisch inspirierte Texte vor und bevorzugt langgezogene Abläufe von den epischen Ausmaßen der britischen Gruppe Genesis. Clearlight Symphony und Heldon produzieren elektronische Platten, Triangle und Zao verbinden (Free) Jazz mit Rock, Alan Stivell wendet sich der bretonischen Volksliedtradition zu.

Schallplatten. Catharsis: –, o.J. (F: Saravah); Martin Circus: *En direct du Rock'n'Roll Circus*, 1969 (F: Vogue); Gong: *You*, 1974 (GB: Virgin); Gong: *Shamal*, 1975 (GB: Virgin); Daevid Allen & Euterpe: *Good Morning*, 1976 (GB: Virgin); Magma: –, 2 LP, 1970 (G: Philips); Magma: *Live*, 2 LP, 1975 (F: Utopia/RCA); Triangle: –, 1972 (F: Pathé); Zao: *Kawana*, 1976 (F: RCA); Universal Energy: –, 1977 (D: Electrola).

Ab 1971–72 entstand nicht zuletzt in Italien eine Musik von eigenem Gepräge, der man die einheimische Tradition des Belcanto und der architektonisch ausgewogenen Melodiebildung bis in die Gegenwart hinein anhört. Die meisten Texte besitzen hohe lyrische Qualität, und auch die Musik profitiert von dem Umstand, daß Rock in Italien vorerst nicht überproduziert, d.h. von wenigen, dafür aber qualifizierten Gruppen hervorgebracht wird. Neben der PFM (Premiata Forneria Marconi, der auch im Ausland am meisten bekannten Formation) sind als gleichrangige Musiker Nova mit ihren am Jazzrock orientierten Platten anzusehen, nicht minder Il Volo und die beiden Liederschreiber Drupi und Lucio Battisti, die während der letzten Jahre eine erstaunliche, in der ganzen Rockwelt sonst nicht zu beobachtende Synthese von verhaltener Canzone und extrovertierten Rock-Rhythmen zuwege brachten.

Schallplatten. Premiata Forneria Marconi: *Per un amico*, 1972 (I: Numero Uno); PFM: *Jet Lag*, 1977 (D: Manticore/Ariola); Il Volo: *Essere o non essere*, 1975 (D: Numero Uno/Ariola); Nova: *Wings Of Love*, 1977 (USA: Arista); Drupi: *Sereno è*, 1975 (D: Metronome); Banco: *As In A Last Supper*, 1976 (D: Manticore/Ariola); Franco Battiato: *Clic*, 1974 (GB: Island); Hero: –, o.J. (D: Pan/Ariola); Lucio Battisti: *Io tu noi tutti*, 1977 (D: Numero Uno/RCA); Perigeo: *Azimut*, 1976 (I: RCA).

Etwa gleichzeitig mit Rockgruppen in der BRD nahmen ungarische Rockmusiker die Schaffung eines einheimischen Idioms in Angriff. In den Texten herrschte und herrscht auch heute die ungarische Sprache vor, deren schwere Zugänglichkeit für Ausländer es bisher verhinderte, daß ungarischer Rock als die künstlerisch eigentlich führende Richtung innerhalb der sich sozialistisch nennenden Staaten im westlichen Ausland erkannt wird; zu dieser Führungsrolle prädestinieren den ungarischen Rock die weitgehend liberalisierten politischen Verhältnisse des Landes. Es ist erinnerlich, daß um 1970 auf den ersten Plätzen der DDR-Hitlisten ungarische Gruppen standen, und deren Platten sind in den östlichen Staaten, einschließlich der Sowjetunion, bis heute begehrt. Die frühesten ungarischen Formationen waren Omega (ursprünglich Omega Redstar), Lokomotiv GT, Atlantis und Illés, die Rockmusik zwar aus zweiter Hand, nämlich durchweg am angelsächsischen Vorbild orientiert, doch um inspirierte Eigenbeiträge bereichert vortrugen. Zu den gegenwärtig tätigen und erfolgreichen Formationen gehören die Jazzrockgruppen Mini und Bergendy, die Countryrock-Band Fonográf, Skorpio, Corvina, Neoton, Piramis, Sprint und V'Moto-Rock. All diese und weitere Rockgruppen erhalten vom staatlichen Pepita-Label eine großzügige Förderung; unausgesetzte Gastspiele im westlichen Ausland beweisen, daß ungarischer Rock sich auch in der „Höhle des Löwen" steigender Beliebtheit erfreut (übrigens auch, daß die ungarischen Behörden nicht daran denken, zwischen sich und dem Westen eine politische oder sonstige Mauer zu errichten).

Schallplatten. Omega: *The Hall Of Floaters In The Sky,* 1975 (D: Bellaphon); Lokomotiv GT: *Aranyalbum 1971–76 (Goldenes Album),* 2 LP, 1978 (wie stets im folgenden, H: Pepita); Neoton: *Disco,* 1978; Bergendy: *Hétfö,* 2 LP, 1977; Fonográf: *Edison Fonográf Album,* 1977; Skorpio: *Kelj fel! (Steh auf!),* 1977; Sprint: –, 1978; Szörenyi Levente: –, um 1976; V'Moto-Rock: –, 1978; Mini: *Vissza a varosba (Zurück in die Stadt),* 1978.

Seit einigen Jahren werden auch in der DDR Rockgruppen gefördert, wenn auch nicht in einem so freiheitlichen geistigen Klima, wie es vergleichsweise in Ungarn herrscht. Schlager und Rock lassen sich in den bekannt gewordenen Schallplatten kaum voneinander trennen; die beides überragende und vereinheitlichende Idee ist die Erziehung der Bevölkerung im sozialistischen Sinne. Auf dem ebenfalls staatlichen Amiga-Label erschienen u.a. Puhdys, Renft, Panta Rhei, Veronika Fischer, Lift, Stern-Combo Meissen, Kreis und City. Die aufnahmetechnische Qualität zeigt in jüngerer Zeit eine imponierende Steigerung.

Schallplatten. Reinhard Lakomy und sein Ensemble: *Lacky und seine Geschichten,* o.J. (wie stets im folgenden, DDR: Amiga); Veronika Fischer & Band: –, 1975; Lift: –, 1977; Klaus Lenz Big Band: *Aufbruch,* 1976; Panta Rhei: –, 1973; Puhdys: *Die großen Erfolge,* 1977; Renft: –, o.J.; Stern-Combo Meissen: –, 1977; City: –, 1978 (D: Teldec).

Literatur. H.P. Hofmann: Beat, Rock, Rhythm & Blues, Soul (2. Aufl. Berlin Ost, 1976); Ders.: Beat Lexikon (Berlin Ost 1977); Christian Kunert: Rock in der DDR (Sounds, Hamburg, August/September 1978).

5. Abschnitt: Punk, New Wave (1976/77 – ?)

Der ursprünglich abwertende Begriff Punk (s.v.w. Abfall, Schund, auch Vorstadtjunge) gelangte um 1976 zu unerwarteten Ehren. Mit ihm wurde eine lärmende, monoton wirkende, mit maschineller Gleichförmigkeit durchgeschlagene Musik bezeichnet, deren Ursprünge in den suburbanen Pubs liegen und deren Hervorbringer wie begeisterte Anhänger aus verwilderten, zumeist arbeitslosen Jugendlichen der Großstädte bestehen. Dank vielen amerikanischen wie englischen, bis dahin gar nicht existenten oder ganz unbekannten Kleinst-Labels wurde diese Musik in Single-Format verbreitet. Die gewollte Primitivität der Musik und die aggressiven Texte waren Symptome der wirtschaftlichen und moralischen Krise einer Gesellschaft, die sich zum einen durch Überfluß und durch passiven, unersättlichen Warenkonsum, zum anderen durch Arbeitslosigkeit und Überfremdung kennzeichnet. Rassistische und faschistoide Anschauungen sind in manchen Songtexten enthalten. Die Sympathie mit Brutalität kam in den um den Hals getragenen Hundeketten, in den mit Sicherheitsnadel durchstochenen Ohren, in den grellen Haarfarben und im Tragen von Nazi-Emblemen zum Ausdruck, besonders in England, wo die in jeder Hinsicht extremen Sexpistols eine demonstrative Anhängerschaft um sich versammeln konnten. Punk in dieser wilden Frühphase war in den USA künstlerisch interessanter, abwechslungsreicher und als Strömung insgesamt früher als in Großbritannien (Ramones, Gruppen in Max's Kansas City, New York und in CBGB's, gleichfalls in New York).

Doch schon 1977 zeigte sich, daß Primitivität sich auf die Dauer nicht als eine künstlerische Revolution verkaufen läßt. Als richtunggebend traten nunmehr einige Formationen hervor, die zwar den harten, durchgepeitschten Schlag und das hektische Zeitmaß beibehielten, aber in musikalischer Hinsicht fesselnde Experimente mit dem Tonmaterial und mit neuen Ausdrucksbereichen vorführten. Mit Recht distanzierten sich diese Musiker von ihren dilettantischen Punk-Kollegen und nahmen lieber die Bezeichnung New Wave zur Charakterisierung ihrer Musik hin. Entgegen dem schlechten Ruf des Punk verdienen diese Gruppen, ernst genommen zu werden; man kann an sie sogar die Erwartung knüpfen, daß sie einen neuen Zeitabschnitt in der Rockgeschichte einleiten. Manche Aufnahmen von Pere Ubu, Richard Hell und Devo in den USA, von Stranglers, Ultravox, Radio Stars, XTC und Magazine in England (um nur einige wenige Namen zu nennen) setzen Dekadenz à la Roxy Music als vergangene Erfahrung voraus, doch sind die eigenen Stilmittel auf Deutlichkeit, Härte und mitunter auf Witz abgestellt. „Konstruktiv" wirkt die neue Musik dennoch nicht, vielmehr verkörpert sie zuweilen – wie bei Devo, Pere Ubu und Ian Dury – musikalischen Dada. Wer vom traditionellen Kulturrock (Genesis, Yes, Gentle Giant u.a.) nichts Neues mehr erwartet, findet zu den unten angegebenen Platten unschwer Zugang.

Schallplatten. USA. *Max's Kansas City*, 1976 (USA: Ram); *Vol. II*, 1977 (USA: Ram); *Original Punk Rock. Live From the CBGB's Club, New York*, 2 LP, 1976 (D: WEA); Devo: *Are We Not Men? We Are Devo!*, 1978 (D: Virgin/Ariola); Richard Hell & The Voidoids: *Blank Generation*, 1977 (USA: Sire); Mx-80 Sound: *Hard Attack*, 1977 (GB: Island); Pere Ubu: *The Modern Dance*, 1978 (USA: Blank/Phonogram); Ramones: –, 1976 (NL: Sire/Philips); Suicide: –, 1977 (USA: Red Star); Television: *Marquee Moon*, 1977 (D: WEA); – GB. Burlesque: *Acupuncture*, 1977 (GB: Arista); Deaf School: *Don't Stop The World*, 1977 (GB: WEA); Ian Dury: *New Boots And Panties!!*, 1977 (GB: Stiff); Johnny Moped: *Cycledelic*, 1978 (GB: Chiswick); Radio Stars: *Songs For Swinging Lovers*, 1977 (GB: Chiswick); The Stranglers: *No More Heroes*, 1977 (GB: United Artists); Ultravox!: –, 1977 (GB' Island); XTC: –, 1978 (GB: Virgin).

Literatur. Who Put The Bomp! (No. 17. November 1977)

VII. Ästhetische Wertung

Musik ist eine Ware, doch eine Ware muß auch einen Gebrauchswert besitzen, um begehrenswert zu sein. Ganz abstrakt könnte man diesen Gebrauchswert der Rockmusik darin sehen, daß sie einen sinnlichen Appell besitzt, die Sinnlichkeit von Gehör und Sehen anspricht, während sie das musikalische Erkenntnisvermögen, etwa das Verfolgen der thematisch-motivischen Beziehungen und der formalen Gliederung, nur nebenbei und das auch zumeist mit Lösungen, die in der Bildungsmusik bekannt oder längst bekannt sind, beschäftigt. Angesichts des angestrebten und vom Hörer wahrgenommenen sinnlichen Appells der Rockmusik bleiben die ästhetischen Überlegungen, die der Bildungsmusik seit der Renaissance bis heute gelten, im Rockbereich weitgehend unbrauchbar. Angemessener erscheinen jene Ansätze zu einer Warenästhetik, die Wolfgang Fritz Haug einmal – freilich nicht ohne weltanschauliche Verzerrung – entwickelte und die gerade der sinnlichen Erscheinung der Ware in Verpackung und Werbung gewidmet waren.[42] Abweichend

42 Wolfgang Fritz Haug: Kritik der Warenästhetik (Frankfurt/M. 1971, edition suhrkamp 513).

von Haugs Warenästhetik jedoch wird man eine scharfe Trennung von eigentlicher Ware und sinnlichem Schein im Rock kaum durchführen können, denn diese Musik bietet in der Hauptsache, wie erwähnt, sinnlichen Reiz selbst, der bei der Verpackung (der Plattenhülle) beginnt und mit den mannigfaltigen akustischen-musikalischen Reizen endet. Rockmusik als Ware wäre demnach selber ein schöner, sinnlicher Schein ohne einen irgendwie gearteten „Kern" als Nahrung für den Intellekt. Damit ist nichts Negatives über die Rockmusik gesagt, denn letztere Beschreibung entspricht der Gegenstandsdefinition jeder sensualistischen Ästhetik: Objekt der Ästhetik ist der schöne Schein und die mannigfachen sinnlichen Reize, die er bietet. Versuche einer solchen den Rock betreffenden sensualistischen Ästhetik gibt es vorerst kaum,[43] um so mehr Reflexionen, die aus der Bildungsmusik stammen und die aus diesem Grund das Besondere der Rockmusik als einer ästhetischen Gattung verfehlen müssen.

Das letzte Ziel von Konzertveranstaltungen und von Plattenherstellung ist es auch im Rockbereich, positive Urteile zu erzeugen, und an solchen Urteilen richtet sich auch das Konsumverhalten des Rockhörers aus. Alle am Rockbetrieb Beteiligten müssen, auch wenn für viele unter ihnen musikfremde Gesichtspunkte – deutlicher: Gewinnspekulationen – maßgeblich sind, das ästhetische Werturteil des Hörers als das Schlußglied in der Kette von Herstellung und Vertrieb einkalkulieren. Das ästhetische Urteil bleibt dabei keineswegs dem Hörer allein überlassen, sondern es ist vorgeprägt, sei es durch eine direkte

43 Vgl. jedoch Tibor Kneif: Ideen zu einer dualistischen Musikästhetik (in: The International Review of the Aesthetics and Sociology of Music I, 1970).

Einwirkung der Werbung, d.h. durch die genannte Verführung mit Hilfe des sinnlich schönen Scheins, sei es durch die herrschenden Maßstäbe der rockmusikalischen Umgebung. In dem äußerst diffusen, mehrfach geschichteten Abnehmerkreis von Rockmusik gibt es keinen Hörer, der keine „verletzliche", durch Sinnlichkeit ansprechbare Stelle hätte: Aufgabe der Werbung ist es, solche schwachen Stellen aufzuspüren und die Mittel des sinnlichen Appells auf sie abzustellen. Solche „Stellen" sind Motive im Sinne der Kaufmotivation, sie geben Auskunft darüber, welches Grundmotiv den Rockhörer veranlaßt hat, die Ware Rockmusik zu kaufen. Ein Produkt (eine soeben herausgekommene Platte, die mit einem bestimmten Image versehene Rockgruppe usw.) wird in der Regel nur einem begrenzten Motiv zugeordnet, damit der Appell um so mehr Zielrichtung und Durchschlagkraft besitzt. Zum Beispiel wird eine musikalisch dürftige Disco-Gruppe wie Boney M nicht etwa künstlich, etwa durch einen dauernd angestellten Arrangeur, im Niveau gehoben, sondern so verkauft, daß von ihr nur eine jüngere Altersschicht ohne ein entwickeltes künstlerisches Qualitätsempfinden angesprochen wird. Doch dieselbe Plattenfirma verfügt über weitere Musiker und Gruppen, die ihrerseits andere Altersgruppen und Geschmacksrichtungen „besetzen".

Wie bei allen Urteilen, die nicht logischer, sondern psychologischer Art sind, kommt es auch im Rockbereich darauf an, wer urteilt. Bedingt durch Alter, Erziehung, Schule, musikalische Interessen usw. fallen die Urteile über Rockmusik jeweils anders aus, wobei sie sich nicht nur auf die Musik selbst, sondern auch auf weitere Gesichtspunkte beziehen können, die in der Bildungsmusik als sachfremd und außermusikalisch gelten. Urteilen über Rock kann z.B. die Faszination zugrunde liegen, die von der erotischen Ausstrahlung eines Musikers bzw. einer Musikerin ausgeht. In einem anderen Fall befriedigt das Musikstück das elementare Bedürfnis nach motorischer Bewegung, nach Tanzen und Stampfen, und diese Eigenschaft wird zum positiven Kriterium für das Urteil genommen. In der Rockmusik gibt es keine Verbotsschilder dogmatischer Art. Musikalisches und Außermusikalisches verbinden sich im Urteil miteinander, und solche ästhetische Anarchie – ein Stein des Anstoßes für bildungsbeflissene Disziplin – bildet keine Entgleisung, sondern ein ganz wesentliches und vermutlich sogar das alles überragende Merkmal des Konsumverhaltens im Rockbereich.

Seit Rockmusik vom Ende der sechziger Jahre an auch für Intellektuelle anziehend wurde (von dieser Anziehungskraft zeugt das bahnbrechende Buch von Dieter Baacke),[44] erscheint es gerechtfertigt, zwei Grundtypen des Rockhörers zu unterscheiden. Eine früher näher ausgeführte Begründung[45] hier in wenigen Sätzen wiederholend heißt dies, daß Rock für einen Hörer entweder so etwas wie eine vertraute Muttersprache bildet, außerhalb deren er sich unsicher fühlt; oder Rock ist eine Musik zur Abwechslung, vielleicht eine, die aus wohlwollender Neugier oder – etwa bei Lehrern – aus Berufsgründen gehört wird von jemandem, der nach Erziehung und Bildungsgrad in der sogenannten höheren Kunstmusik, vielleicht

---

44 Dieter Baacke: Beat – die sprachlose Opposition (München 1968).

45 Tibor Kneif: Ästhetische und nichtästhetische Wertungskriterien der Rockmusik (in: Wolfgang Sandner, Hg.: Rockmusik. Aspekte zur Geschichte, Ästhetik, Produktion, Mainz 1977).

im Jazz, heimisch ist. Der erstgenannte Hörer wurde in der angedeuteten Studie Primärhörer, der letztgenannte Alternativhörer genannt. Dieser Unterscheidung liegt nicht etwa die Absicht zugrunde, Hörer nach Bildungsgraden einzustufen; sie sollte im Gegenteil zeigen, daß die eigentliche Trägerschicht von Rock, mit welcher er steht und fällt, aus jenen Primärhörern besteht, die zumeist aus Lehrlings-, Arbeiter- und Angestellten-Berufen kommen oder noch Schüler sind. Der intellektuelle Alternativhörer hingegen kann dem Rock jederzeit den Rücken kehren, ohne dadurch in seinem musikalischen Bedürfnis, in der Tiefenstruktur seiner ästhetischen Anschauungen und Neigungen, berührt zu werden.

Musikerzieher gehören, wie gesagt, zu solchen Alternativhörern, da sie je nach dem geltenden Schulplan sich bald mit Rock befassen, bald – nach Änderung von Richtlinien – diese Musik aus der Schule verbannen können. Mozart und Beethoven, die sie zu Hause im Musikzimmer hören, bleiben ihnen trotz wechselnder Unterrichtspläne sicher. (Fraglich erscheint es freilich, ob der Rock-Unterricht in der Schule dem Rock-Verständnis jener jungen Primärhörer Rechnung trägt, die sich unter den Schülern zweifellos zahlreich finden.)

Namenregister

Verzeichnet sind die im Haupttext sowie in den Schallplatten- und Literaturhinweisen enthaltenen Personen- und Gruppennamen; Namen, die in den Anmerkungen vorkommen, sind *kursiv* gedruckt.

Eine Erläuterung der geschichtlichen, wirtschaftlichen und studiotechnischen Fachbegriffe findet der Leser im Sachlexikon Rockmusik (Reinbek 1978, rororo 6223).

B

C

D

E